子どもから大人が生まれるとき

発達科学が解き明かす子どもの心の世界

森口佑介
MORIGUCHI, Yusuke

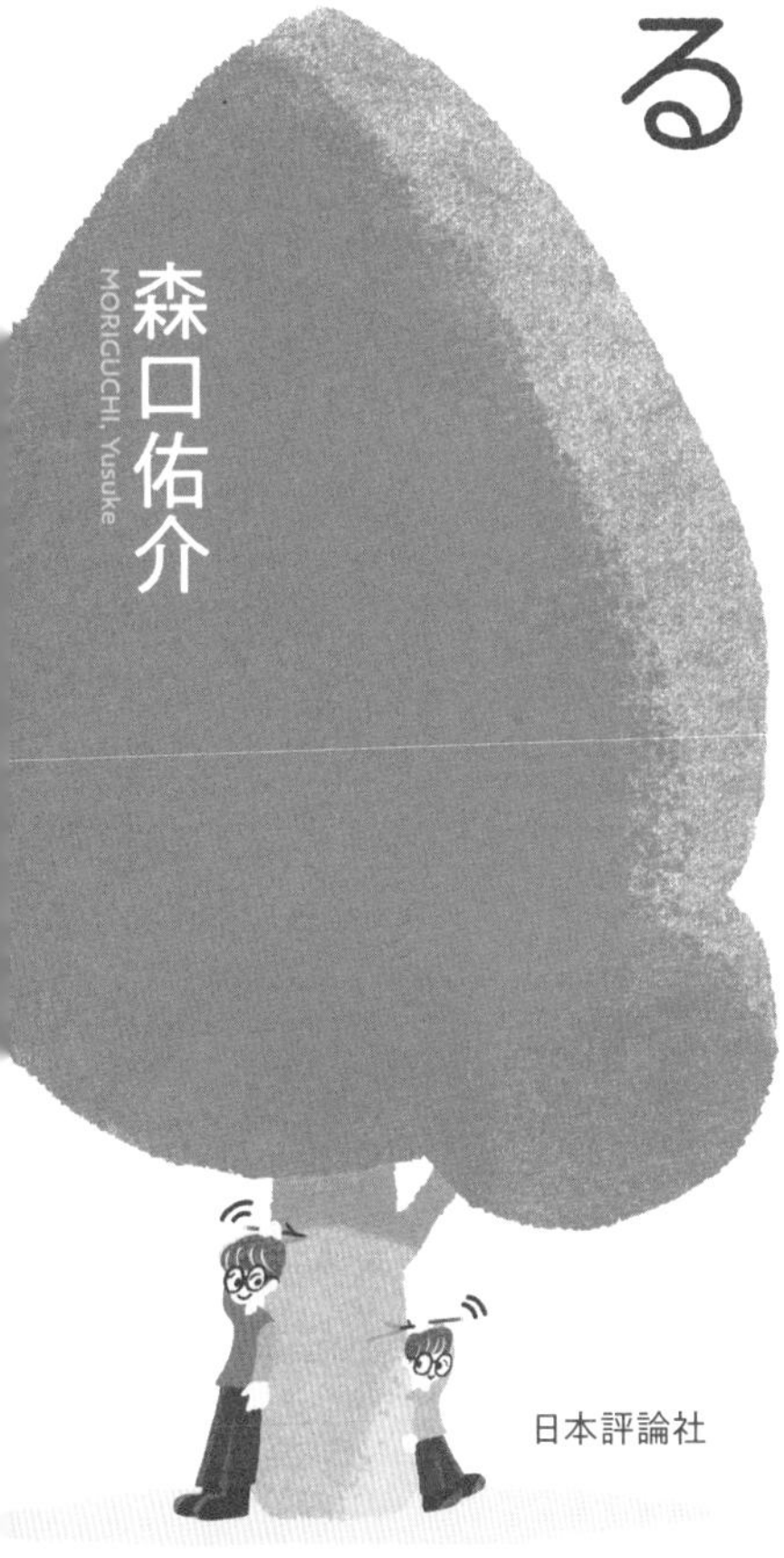

日本評論社

子どもから大人が生まれるとき

はじめに

わたしたちは、いわば、二回この世に生まれる。一回目は存在するために、二回目は生きるために。はじめは人間に生まれ、つぎには男性か女性に生まれる［＊1］。

青年期は新しい誕生である。より高度で完全な人間的特性がこのとき生まれるからである［＊2］。

一つ目の言葉は教育思想家であるジャン＝ジャック・ルソーによるものであり、二つ目の言葉は心理学者スタンレー・ホールによるものである。いずれも、青年期、つまり一〇代に人間が大きな変化を経験する、いわば〝生まれ変わる〟ことを表現している。

これらの言葉は青年期における変化を強調しているが、青年期が新しい誕生なのであれば、それより前の乳幼児期から児童期までの時期と、青年期より後の成人期とでは、同じ人間であっても質的に異なるということになる。つまり、青年期前後が不連続であるということだ。青年期以前の子どもとはどのような存在だろうか。とくに、子どもの心の世界はどのようなものであろうか。

子どもの心の世界を調べるこれまでの研究では、子どもは未熟な存在だと捉えられてきた。先に挙げたルソーも、心理学の先人であるウィリアム・ジェームズも、子どもの発達研究の巨人であるジャン・ピアジェも、子どもを無力で未熟な存在として捉えていた。曰く、子どもは認識を欠き、混沌とした世界に生きており、論理的ではないというのである。

しかしながら、これらは、子どもに対する評価としては客観性を欠いている。二〇世紀半ばから発達心理学領域において科学的な手法を用いた研究が進展し、子どもに対するこのような見方が覆されてきた。筆者の前著『おさなごころを科学する――進化する乳幼児観』では「大人とは異なった存在としての子ども」という考え方を提唱し、子どもは単に未熟な存在なのではなく、大人とは異なった世界を生きている可能性があることを主張した。

ただし、子どもは、大人と異なるだけの存在ではないこともまた事実である。当然のことながら、青年期に大きな変化を経験するとはいえ、乳幼児期から成人期に至るまで同じ個人であることには変わりなく、人は一貫し連続した存在でもある。

本書では、このような二つの視点、つまり「大人とは異なる子ども」と、「大人になるための子ども（大人と連続性をもつ存在としての子ども）」という二つの視点で子どもを捉えてみたい。

第1章では、まず、子どもに対する研究者の考え方についての歴史的な変遷を紹介したのちに、「大人とは異なる子ども」という視点と「大人になるための子ども」という視点を紹介する。第2章以降は、この二つの視点に基づいて書かれているので、最初に第1章に目を通していただきたい。

第2章以降は、それぞれ独立して読むことができるので、どこから読んでいただいてもかまわない。大まかに言うと、第2、3、4、5、7、10、13章は「大人とは異なる子ども」という視点にかかわる内容であり、第6、8、9、11、12、14章は「大人になるための子ども」という視点にかかわる内容である。

本書が、読者にとって、子どもを捉え直すきっかけになることを願っている。

子どもから大人が生まれるとき　目次

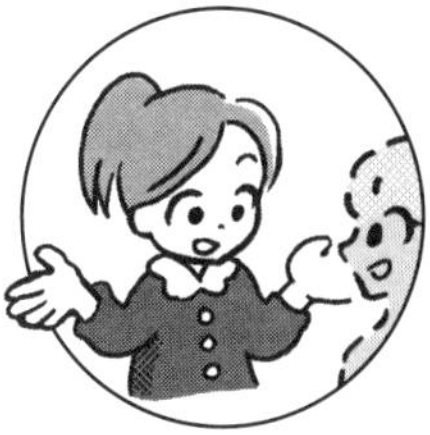

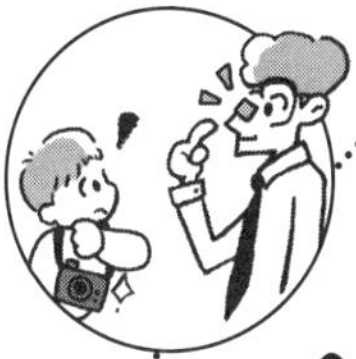

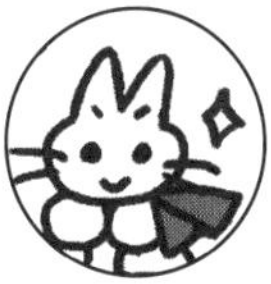

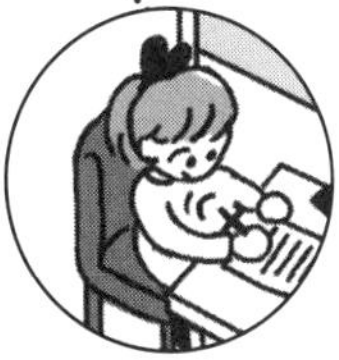

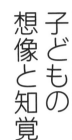

第1章

大人とは異なる子ども

大人にとって、子どもとはどういう存在だろう。もちろん、可愛く、愛おしい存在だ。言葉なり、数なり、モラルなり、何かを教える教育の対象でもある。こうした見方に通底するのは、かつてイギリスの哲学者ジョン・ロックが乳児の心を「白紙」と喩えたように、「未熟さ」「無力さ」をもつ存在としての子ども観ではないだろうか。

むろん、この考えが間違っているわけではない。ほかの動物と比べて、ヒトの赤ちゃんが未熟な状態で生まれてくるのは周知のことである。視力や聴力、運動能力などが、大人と比べて未熟であることは紛れもない事実だ。

だが、これだけでは、子どもを捉えそこなっているというのが筆者の考えである。

図1-1　子どもは異星人!?

本書では、子どもは、未熟であるだけではなく、そもそも大人とは異なった存在、いわば異星人のようなもの（図1－1）だという考えを、発達科学、発達心理学、認知神経科学などの最新知見を引用しながら紹介していきたい。大人と子どもでは、その考えやものの見方が、質的に異なるのではないかということだ。

第1章では、なぜ筆者がこのような考えをもつに至ったのか、発達心理学の歴史を眺めながら、その背景を紹介したい。

子どもの捉え方の歴史的変遷

まず最初に、発達心理学における子どもの捉え方がどのように変遷してきたか、簡単に見ておこう（詳細は拙著［＊1］をご参照いただきたい）。

一九世紀頃まで、哲学者や思想家がいくばくか子どもに対する考えを述べていたものの、子どもの心や認識は研究の主たる対象にはなっていなかった。これが研究の対象になったのは、心理学が学問として成立し始めた一九世紀末から二〇世紀にかけてのことである。とりわけ、スイスの心理学者ジャン・ピアジェの一連の研究は、物理学者アルベルト・アインシュタインや言語学者ノーム・チョムスキーなどとの接点や論争を含めて、子どもの認識がきわめて研究価値の高いものであると認めさせることに一役買った。

ピアジェは、子どもを能動的・自律的な存在だと捉えていた。親を含めた周囲の環境から外的に動機づけられるのではなく、みずから進んで環境を探索し、認識を構成する存在だと考えたのである。一方で、彼は、子どもの認識は非常に未熟なものだとも考えていた。二歳頃まで心のなかで考えることはできず、幼児期においても自己中心的な思考様式であり、論理的な思考はできないと見なしていたのである。

たとえば、有名な「三つ山問題」（図1－2）では、一度ある視点から三つの山を見ると、別の視点から見た場合にどう見えるかを問われても、子どもは自分の視点に固執してしまう。

図1-2　三つ山問題

また「保存課題」でみられるように、ものの数や量はその形状が変わっても同じである

図1-3　保存課題

という認識をもつことはできないとされる。図1－3は、あるビーカーAから別のビーカーBに水を移した様子だが、子どもは、ビーカーAに入っているときのほうが水が多いと考える。

さらには、幼児は、無生物に生物的な特徴を付与してしまうというアニミズム的な傾向も示す。ピアジェはこのような知見を踏まえ、子どもを未熟で無能な存在と考えていたとみて差し支えないだろう。

ところが二〇世紀半ば頃から、観察や言語的質問を通じて子どもの認識を検討するピアジェの研究手法に対する批判が高まり、実験的な手法や非言語的な研究手法が生み出されるようになった。その結果として、ピアジェが考えていた以上に、子どもが有能な存在であることが明らかになってきた。たとえば、先に紹介した三つ山問題では、ピアジェによると、幼児は別の視点をとることが難しい。しかし、三つ山問題の構造を保持しつつ、少し修正するだけで、子どもは別の視点をとることが報告された。このように、課題の難易度を変えるだけで子どもの行動は大きく異なる。同様の結果は、三つ山問題のみならず、保存課題やアニミズムの研究でも得られている。

幼児に加えて、ピアジェが心のなかで考えることができないとしていた乳児の研究も大きく進展した。とりわけ、乳児の視線を使った研究手法が広く用いられることにより、乳児にはさまざまな能力があることが明らかになった。たとえば、二つの対象を提示し、乳児が一方を長く見つめることで、乳児が二つの対象を区別することがわかるようになった。これにより、生後間もない乳児が、顔のような対象をそうではない対象よりも好むことなどが示された。

さらに、乳児のもつ「新しいものが好き」という特徴や「飽きやすい」という特徴を利用して、より複雑な能力についても調べられるようになった。たとえば、乳児が、足し算をしたり、物理法則に対する理解を示したり、善悪を判断したり、他者の表情を真似したりすることが報告されたのである。現在では、これらの研究成果のうち、他者の表情の真似をする能力などのいくつかの研究成果は疑問視されているが、それでも、ピアジェの時代に考えられていた以上に、子どもが有能な存在であることが示されている。

上記の研究で示されてきた「有能さ」とは、大人と同じような能力を子どもがもっているということである。そのような能力は、子どもの能力の一部を構成しているにすぎない。つまり、「未熟な子ども」のなかに、大人と同じような能力を見出しているのである。現在も、子どもを対象にした心理学的研究では、このような子どもに対する見方が強い。

だが、ここで考える必要があるのは、子どもにとって必要とされる能力と、大人にとって必要とされる能力が同じであるかという点である。

少しわかりにくいかもしれないので、ほかの動物を例に考えてみよう。地球にはさまざまな生物がいるが、個々の生物がもつ特徴や能力は当然のことながら多様である。それら多様な特徴や能力を、一つの軸のみで捉えるのは無理だし、あまり意味のあることだとは思えない。

たとえば、ヒトを万物の霊長と捉え、ヒトのもつ特徴や能力をほかの動物がもつかどうかで、その動物が高等であるか否かを判断する考えがある。古くは言語をもつかどうかという視点で研究がなされていたし、最近では、他者の心を推測する能力や、何らかの計画をする能力がヒト以外の動物にみられるかが検討されている。その結果に基づいて、ある動物のレベルのようなものを判断する研究者もいる。

このような考えは西洋を中心として根強くあるものの、ヒトと同じ能力をもつか否かでその動物のレベルを判断することにどれだけの意味があるだろうか。ヒトにはヒトの生態があり、ほかの動物にはほかの動物の生態がある。樹上に住む動物には、その生活に必要とされる特徴や能力があるだろうし、海に住む動物には、彼らの事情というものがあるだろう。ヒトがもたないような視覚や聴覚、嗅覚をもつ動物もいれば、ヒトができない手段で個体間のコミュニケーションをとる動物だっている。ヒトと同じ能力をもつかどうかという軸でほかの動物を判断するのはあまり意味がなく、それぞれの動物は、淘汰圧に対して、それぞれの生態に適応するために、その特徴や能力を進化させてきたわけである。

むろん、さまざまな動物の能力を比較することに意味がないと言いたいのではない。進化や共通祖先を調べるために、種間比較は重要な方法の一つである。ただ、その比較を通じて、「ある能力をもつこと＝高等」と考えるのはおかしいのではないかということである。

子どもと大人の話に戻ろう。子どもと大人の違いを、大人がもつ能力を子どもがもつか否かで判断するのはあまり意味がないのではないか、というのが筆者のポイントである。子どもも大人も同じヒトであるから、ほかの動物との違いほど両者の生態に違いがないのは間違いない。だが、そうであっても、子どもが住む世界と大人が住む世界は、似て非なるものだろう。取り巻く物理的・社会的環境は異なるし、日々の目的・目標も異なる。大人と子どもの能力のなかには、質的に異なるものがあってもよいのではないか。

子どもに必要な能力

この点を明示的に議論したのが、フロリダ・アトランティック大学のデビッド・ビョークランドだ。彼は、進化論で言うところの淘汰圧や適応概念を個体発生に応用して、進化発達心理学を提唱している。ビョークランドによれば、さまざまな淘汰圧は個体発生のどの時点にもかかりうるものであり、子どもが備えるいくつかの特徴は、大人になってからではなく、その時点に適応するように進化してきた。つまり、乳児期であれ、幼児期であれ、児童期であれ、青年期であれ、発達のそれぞれの時点にかかる淘汰圧があり、子どもはそれぞれの発達期に必要とされる特徴や能力を備えているということである。

具体的には次章以降で見ていくことになるが、簡単な例として、子どものメタ認知能力の低さについて考えてみよう。メタ認知とは、みずからの認知活動に対する認知を指し、自分を客観的に評価したり、制御したりすることにつながるものである。大人は高いメタ認知能力を備えているため、程度の差こそあれ、自分自身をコントロールすることが可能である。一方、乳幼児には、メタ認知能力が十分には備わっていない（ただし、最近の研究は第11章参照）。そのため、自分のことを見つめ直したり、自分をコントロールしたりすることはできない。この特徴は、一見すると、大人と比べて未熟であるだけのように思える。

だが、進化発達心理学は、メタ認知能力が低いという特徴は子どもにとってきわめて重要だと指摘する。メタ認知能力が低いということは、自分の能力を過信するということでもある。乳幼児の自尊心が一般的に非常に高いことは周知の通りである。自身の能力を過信し、自尊心をもつことで、子どもはさまざまな活動に無謀なほど挑戦できる。実際にはうまくいかないことが多いので、自信をなくしてしまいそうなものであるが、子どもは自信をなくすことはない。昨日の自分よりどれだけうまくなったかという点に着眼し、自尊心を保つことができるのである。

たとえば、自転車に補助輪なしで乗るのは、最初は非常に困難である。何度も何度もこけてしまい、ときには怪我をして、自転車に乗るのが怖くなってしまうかもしれない。メタ認知が発達していれば、「自分は自転車に乗る能力がない」と客観的に評価して、自転車に乗ろうとしなくなるかもしれない。ところが、子どもはメタ認知が発達していないために、苦難にもめげずに自転車に挑戦し続けることができるのである。その結果として、多少のケガはするものの、自転車に乗る技術を短期間に向上させることができる。

一方、大人は、メタ認知能力をもつがゆえに、無謀な挑戦や試みを避けがちである。自尊心を守るためにはそれでよいかもしれないが、新しい発見や学習の機会を失っていることにもなる。大人になってから自転車に挑戦するのは、子どもよりも難しいだろう。子どもはメタ認知能力が低いがゆえに、さまざまなことに挑戦し、学習することができるのだ。

この見方は、個人的には非常に革新的であると考えている。ヒトであれ、ヒト以外であれ、従来の見方では、淘汰圧が個体発生の時期によって異なるとは考えられていなかった。生物の目的は子孫を残すことであるから、子孫を残すことのできる大人・成体に焦点が当てられてきたのはある意味で当然のことではある。だが、大人・成体になれる子ども・幼体の数は、(種によって大きく異なるが)必ずしも多くはない。ヒトにおいても、現代の先進国では多くの子どもが大人になることができるが、それ以外の国々では、栄養上・健康上の問題などで幼くして命を失う子どもは数え切れないほど多い。まして、江戸時代や平安時代、それより前の時代においては、子どもが大人になるのは非常に難しいことだったのである。

もちろん、子ども単体に焦点を当てることは不適切だという考えもあるだろう。とりわけ乳児期は、子ども一人で生き延びることはできない。子どもだけではなく、子どもと周りの大人をセットで考える必要がある。本書ではくわしく触れないが、この点が重要であることは指摘しておきたい。

「大人になるための子ども」という視点

当然ながら、子どもの特徴や能力が、大人になったときの何につながるかという視点も大事である。その最たる例が、近年、教育現場や家庭において重要視されつつある「非認知能力」に関する研究である。非認知能力とは、これまで教育現場や政策決定で重視されてきた認知能力、より具体的には記憶力、情報処理能力、推論能力といった学習や知的作業に直結する能力以外の能力を指す。具体的には、自制心（実行機能）、社交性、忍耐力、自尊心などが挙げられる［＊2］。

ちなみに、非認知能力は経済学や教育学ではよく使われる言葉だが、心理学ではあまり好まれない。その理由はいくつかあるが、非認知能力とされるもののなかに、明らかに認知的な要素が含まれることが理由の一つだ。また、測定できない机上の空論のような概念が含まれることもあり、現在は非認知能力狂騒曲状態だ。筆者自身は、このような状況はあまり好ましいと思っていない。

話が逸れたが、これらのうちいくつかの能力は、子どもの将来のさまざまな変数に関係することが知られている。たとえば、自制心（実行機能）が高い子どもは、そうでない子どもよりも、大人になった後の経済状態や健康状態、社会生活の状況がよいことが示されている（ただし、有名なマシュマロテストの結果は疑問視されているので、マシュマロテストの話を根拠にしている人がいたら注意が必要だ。くわしくは第9章参照）。これ以外にも、子どもの向社会性や、他者の心を理解する能力は、のちの学力、友人関係、問題行動などと密接にかかわるという[＊3]。

ここでみられるのは、子どもがどういう存在であるのかという視点ではなく、どうやったらよりよい大人になるのかという視点である。現在の子どもを見るのではなく、子どもの将来の姿を見ていることになる。

そのため、子どもの時期にある能力が低いケースに対しては、支援が必要となる。筆者の専門は実行機能だが、その実行機能の低い子どもに対して、幼児教育や保育、家庭を通じた支援を行っている。悩むのは、こういった支援をすることで、その子どもの特徴を失わせることにならないのかということだ。実行機能は低いかもしれないが、それ以外の部分でほかの子どもよりも優れているかもしれない。とはいえ、現在いろいろと困難を抱えているのであればやはり支援は必要であるし……というように。子どもが自分らしさを発揮できるような支援と、その子どものもつ特徴をうまく両立できればと思うのだ。

＊

子どもを見るうえでは、この章で紹介した二つの視点が必須だと筆者は考える。つまり、「大人とは異なる子ども」という視点と、「大人になるための子ども」という視点だ。子どもにかかわる大人、親や教育者、支援者は、どうしても後者の視点をとりがちだ。これが重要であることは間違いない。だが、子どもは、子ども時代という現在を生きている。その時代に必要とされる特徴や能力とは何だろうか。文学や教育学などの文献研究では指摘されてきたこの疑問に対して、筆者は科学的な視点からも立ち向かってみたい。次章以降、上記二つの視点と関係する研究を紹介していくことにしよう。

第2章

子どもと〝科学者〟

前章では、発達心理学の歴史を簡単に眺めた後に、「大人とは異なる子ども」という考えを紹介した。子どもは単に未熟で無能な存在だと思われがちだが、少なくとも一部においては、子どもは大人とは異なった世界の認識の仕方、ものの見方、考え方などをしているのではないかということである。

第2章では、子どもと大人がどのように異なるのか、発達心理学の草分け的存在であるジャン・ピアジェと、現代で突出した存在感を見せる心理学者であり哲学者でもあるカリフォルニア大学バークレー校のアリソン・ゴプニックを対比させながら考えてみよう。

いつまでが子ども？

あらためてになるが、本書でいう「子ども」とは、どのような年齢を指すのか。本書のタイトルは「子どもから大人が生まれるとき」である。何をもって子どもと大人を区別するのか、どこまでが子どもで、どこからを大人と見なすかは、重要である。

辞書を引いてみると、子どもには「年のいかない幼い者」「行動などが幼く、思慮が足りない者」（『デジタル大辞泉』）などの意味がある。後者の「思慮が足りない」というのは、前章で紹介したような、「未熟」で「無能」という伝統的な子ども観に通じる見方だが、一般的には年齢で区切るのがわかりやすいだろう。たとえば、某レストランでは、三歳以下の子どもはドリンクバーが無料だが、四歳以上は料金が発生する。四歳の誕生日を迎える前後で、同じ量のジュースを飲むにもかかわる料金が異なるわけだ。

子どもはしばしば、乳児期、幼児期、児童期、青年期のように分けられる。乳児期は、二歳以下全般を指すこともあるが、一歳までを乳児期、一～二歳をトドラー期（よちよち歩き期）と分けることもある。乳児に関する心理学・認知科学的研究が多く発表される国際乳児学会では、研究の対象年齢は三歳未満とされており、それ以上の年齢の子どもに関する発表を受けつけない。ちなみに、日本赤ちゃん学会では三歳以上の子どもの研究が発表されることも多く、年齢については比較的おおらかである。

幼児期は、就学前期と呼ばれることもあるが、二～六歳頃の、小学校に入るまでの時期を指す。児童期は、小学校に通う期間である七～一二歳頃を指す。少し難しいのが青年期で、従来は中学生から二〇歳くらいまでを指していたが、平均寿命が延びたこともあり、最近は二〇歳以降を含むこともある。

本書における「子ども」とは、おおむね児童期くらいまで、ということにしておこう。

小さな科学者としての子ども

さて、ここからは、ピアジェとゴプニックの違いを子どもの捉え方を軸に考えてみよう。

ピアジェはスイスの心理学者であり、同時に哲学者を自認していた。一〇代で軟体動物に関する論文を発表したこともある彼は、生物学の考え方を子どもの認識や知的発達に持ち込み、独創的な理論を打ち立てた。

現代ではピアジェの考えの多くは否定されているが、彼の理論をもとに発達心理学が発展していったことを考えれば、その偉大な業績が色あせることはない。ただ、日本国内に関していえば、いまだにピアジェの考えが全般的に正しいと信じている教育関係者や知識人（もしくはそれを自称する人）が少なくなく、ピアジェの考えに基づいて教育論や子どもを語るのは大いに危険だということは指摘しておきたい。

前章でも触れたように、ピアジェは、子どもを能動的で自律的な存在だと考えていた。そして、ピアジェの子どもの捉え方は、「小さな科学者」というようなものである［＊1］。筆者も自分は科学者の端くれだと思っているが、科学者とは、世の中のさまざまな現象を観察し、そこから仮説を立て、ある種の実験でその仮説を検証する存在である。仮説が正しければ、それをもとに理論を打ち立てることもあるし、再度実験を行って仮説の検証を続けることもある。実験で仮説が支持されなければ、その仮説を捨てて別の仮説を立てることもあるし、実験のやり方がまずかった可能性を検討することもある。

子どもの「実験」は、遊びのなかでみられる。子どもは遊びを通じて世界についての理論を構築するのだ。たとえば、ボールを投げるという単純な行為であっても、ボールが手を離れると必ず地面に落ちることに子どもは気づく。上に投げても、下に投げても、最終的には地面に落ちることを見出す。これを「重力」と名づけるのはプロの科学者の仕事になるが、子どもはアマチュアの科学者として、世界の法則に気づき、それを自分の認識に取り入れていくのである。

気づかれたかもしれないが、このピアジェの見方は、大人中心の見方である。つまり、科学者という大人の職業に子どもを当てはめている。さらに重要なこととして、ピアジェは子どもを科学者に喩えたものの、子どもは大人に比べて論理的ではないと考えていた。彼によれば、就学前に該当する前操作期の子どもは論理的思考ができないし、就学後に該当する具体的操作期の子どもも限られた論理的思考しかできない。これは、あくまで、「大人よりも未熟な子ども」という見方である。

一方、これとは逆の見方をするのがゴプニックである。

大きな子どもとしての科学者

ゴプニックは、当代最もインパクトのある心理学者の一人といえるだろう。みずから語っているように、彼女は劇的な「中年の危機」を経験するなど、研究のみならず私生活でも注目を集めている。一般向けの著書には『哲学する赤ちゃん[＊2]』や『思いどおりになんて育たない[＊3]』など邦訳も多いので、なじみのある方もいるだろう。筆者も話をさせてもらったことがあるが、とにかくパワフルな方だ。

ゴプニックの子どもと大人の捉え方は、ピアジェと似て非なるものである。彼女によれば、「科学者が大きな子ども」であるという。つまり、〝科学者〟というキーワードは同じだが、中心はあくまで子どもであり、子どもに科学者という大人の職業を当てはめている。ピアジェと真逆なのだ。たしかに、科学者には子どもじみている人が多いような気はする（筆者自身も含めて）。

彼女は、進化的な視点を参照しながら子どもを語る［＊2］。ほかの動物に比べて、ヒトの子ども期が長いのはよく知られた事実である。とくに、乳幼児期は、養育者なしでは生きていけない時期であり、養育者の負担は非常に大きい。子をもつ親であれば、このことを否定する者はいないだろう（むろん、子どもが可愛いのは言うまでもないが）。従来、この時期は、子どもがヒトの社会に適応するためにさまざまなことを学ぶ学習期間だと捉えられてきた。言葉であれ、数であれ、社会的慣習であれ、ヒトの社会に適応していくためには、多くのことを学ぶ必要がある。長い子ども期があることで、それが可能になったという考えだ。

ところが、ゴプニックは、就学前の時期の子どもには、これと同じくらい、もしくはもっと重要な特徴があることを主張している。それが、想像力と、それに伴う世界と自分を変革する能力である。このことを彼女は、「子どもはいわば、ヒトという種の研究開発部門に配属されたアイデアマン。大人は製造販売担当」と表現する［＊2 邦訳二〇頁］。子どもはいろいろなアイデアを試行錯誤しながら実行に移し、ときに大人には考えもつかないような発想をする。アイデアの多くは荒唐無稽で、実用に耐えるものではないが、大人を唸らせるようなアイデアを出すこともある。一方、大人の役割は、そのアイデアを実用可能な形にすることだ。

似たような話をどこかで聞いたことがあるかもしれない。そう、日本人ノーベル賞受賞者が出たときに、よくマスコミをにぎわす話である。科学者が地道に基礎研究を行い、失敗の連続のなかで、たまたま試してみたアイデアが科学の常識を変えるような発見を生む。基礎研究者は、必ずしも応用や製品化を念頭に置いていないので、この発見自体はそのまま製品化できるようなものではない。だが、「大人」たる企業が、その発見を実用可能な形にして、製品化し、多くの人の命を救ったり、人々の生活を変えたりする。

このように、ピアジェとゴプニックの捉え方は異なるが、子どもと科学者が類似しているという点では同じである。ただ、ピアジェは、子どもは大人よりも未熟であると考えていた。それに対して、ゴプニックによれば、子どもと大人はその役割が異なり、子どもはときに大人よりも優れているということになる。

とはいえ、読者の方は思うのではないだろうか。ピアジェが言うように、論理的思考については、大人のほうが得意であるに違いない、と。次に、このことについて考えさせるゴプニックたちの実験を紹介しよう。

ブリケット探知機

ゴプニックの研究のなかで最も有名なものの一つが、「ブリケット探知機」に関する研究である。

「ブリケット」とは、発達心理学の世界で、言葉の獲得などの研究でよく用いられる無意味な言葉のことである。既存の言葉を使って実験を行うと、子どもがその言葉を知っているかどうかによって結果が変わってしまう。そこで、子どものもつ知識に依存しない実験結果を得るために、無意味な言葉を使うのである。

ゴプニックの研究では、子どもの前にさまざまな形のブロックと「ブリケット探知機」を置き、子どもに以下のような説明をする。ブリケット探知機は、ブリケットという物体を置くと、光って音が鳴る。この探知機は、ブリケットを置くと反応するが、ブリケット以外のブロックを置いても反応しない。目の前のブロックのなかで、どれがブリケットか教えてほしい。

このように指示されると、子どもは喜んでブリケットがどれかを探し始める。ある形のブロックを置くと探知機が反応するが、別の形のブロックを置くと探知機が反応しない。もしくは、二つのブロックを置いたら探知機が反応したが、そのうち一つを取り除いたら反応しない。このような経験を重ねるなかで、子どもはブリケットがどれかを特定する。

これは最も簡単なバージョンであり、大人にとっては容易だと感じられるが、ブリケット探知機の研究のなかには、むしろ大人のほうが苦手なものもある。以下で具体的に紹介しよう。

実験の内容

この実験には、二つの条件が設けられた[＊4]。一方を結合条件、もう一方を分離条件と呼ぶ。

そしてこの実験には、トレーニング段階とテスト段階がある。トレーニング段階では結合条件と分離条件で内容が異なるが、テスト段階では二つの条件で同じ内容である。参加者は、トレーニング段階で見た出来事をもとに、テスト段階の出来事に関して判断を求められる。つまり、トレーニング段階で観察して得られた内容をデータとして、それをもとに、結合条件と分離条件で判断をすることになる。

では、以下の問題を読者の方に考えていただきたい。どのブロックがブリケットかを問う問題である。

まず、結合条件についてみてみよう（図2‐1左）。結合条件のトレーニング段階では、ブロックA、B、Cが用意される。参加者はまず、それぞれのブロックが一つずつブリケット探知機に載せられる様子を観察した。この場合、探知機は反応しなかった。つまり、ブロックAを一つだけ載せても、Bを一つだけ載せても、Cを一つだけ載せても、探知機は反応しなかった。次に、参加者はブロックを二つペアで探知機に載せる様子を観察した。具体的には、AとB（以下、A&B）、AとC（A&C）、BとC（B&C）が載せられた。その結果、A&Cを載せた探知機のみが反応した。

次に、テスト段階では、ブロックD、E、Fが用意された。まず、DとEが一つずつ探知機に載せられた（Fは単体では載せられなかった）。この場合、探知機は反応しなかった。次に、D&Fが二回探知機に載せられ、二回とも探知機が反応する様子を観察した。ほかのペアは見せられなかった。その後、参加者は、D、E、Fのうち、どれがブリケットであるかを推測するよう求められた。

続いて分離条件である。トレーニング段階では、ブロックA、B、Cが一つずつ探知機に載せられ、その後に、A&B、A&C、B&Cが載せられるという流れは結合条件と同じで

図2-1　どのブロックがブリケットか?（文献4）

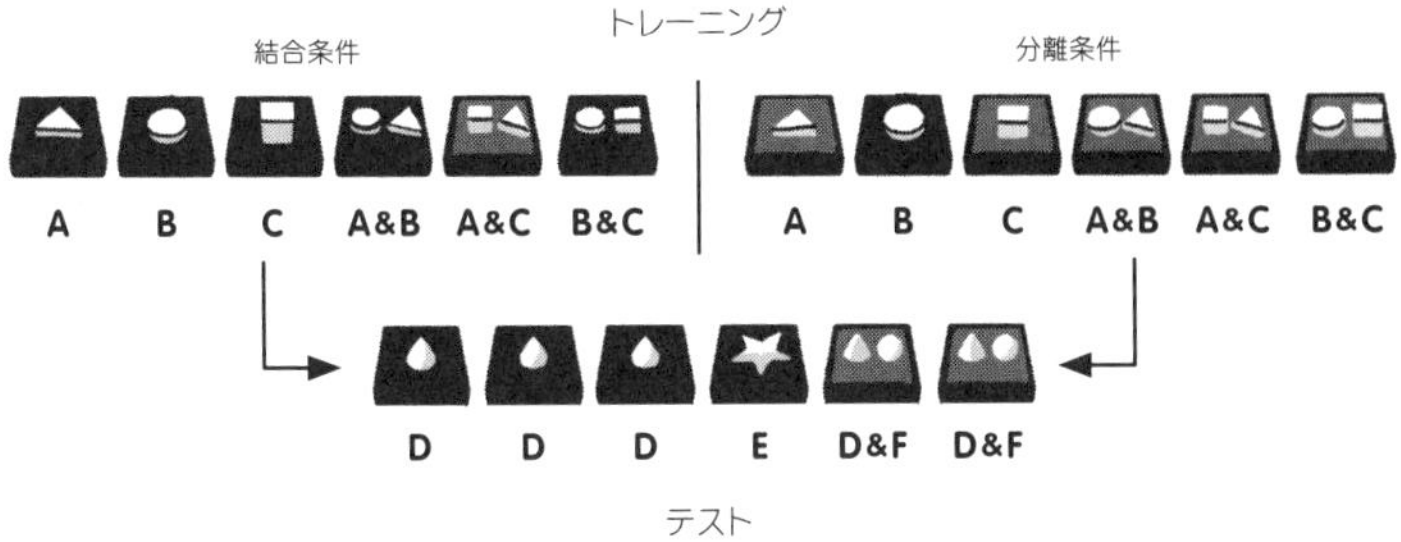

ある（図2－1右）。結合条件との違いは、分離条件では、Aが一つだけ載せられた場合と、Cが一つだけ載せられた場合、およびA&B、A&C、B&Cのペアが載せられたいずれの場合においても、探知機が反応した点である。

テスト段階は、結合条件と同じであった。つまり、DとEが一つずつ載せられた場合には探知機は反応しなかったが、DとFがペアで載せられた場合は、二回とも探知機は反応した。

さて、結合条件と分離条件で、D、E、Fのうち、どのブロックがブリケットだろうか。

答え合わせ

先に白状しておくと、実は、この問題に正解はない。正解はないのだが、トレーニング段階をしっかりと考慮した、最も妥当な判断というものはある。どのような判断だろうか。

まず、結合条件については、トレーニング段階では、A、B、Cが一つずつ載せられてもブリケット探知機は反応しなかったが、A&Cが載せられると反応した。つまり、Aだけ、もしくはCだけがブリケットではなさそうだが、AとCが組み合わさったときに探知機は反応するのだから、AとCがブリケットだと考えるのが妥当な推論だ。このことを考慮すると、テスト段階でも組み合わせが大事だということになる。テスト段階では、DとEがそれぞれ載せられても探知機は反応しなかったが、D&Fでは反応した。トレーニング段階を踏まえると、組み合わせが大事なので、DとFがブリケットだと考えるのが最も妥当な判断だ。Eについては、ペアになったケースがないので、ブリケットかどうかの判断がつかない。ブリケットではないと考えるのが自然だろう。

一方、分離条件では、トレーニング段階で、AとCが一つずつ載せられると探知機が反応した。ペアについても、A&B、A&C、B&Cというように、AもしくはCを載せた場合に探知機が反応した。したがって、AとCが、組み合わせではなく、単体でブリケットだと考えるのが自然である。そして、テスト段階では、Dだけでは探知機は反応しなかったのだから、Dはブリケットではなく、Fがブリケットだと考えるのが妥当な判断といえる。また、E単体でも探知機は反応しなかったので、こちらはブリケットでないと考えるのが自然だろう。

以上のことから、結合条件ではブロックDとF、分離条件ではブロックFがブリケットだと答えるのが最も妥当な判断である。

大人より論理的な子ども

読者の方は、最も妥当な判断をすることができただろうか。実は、大人で最も多いのは、結合条件も分離条件も、Fのみがブリケットだという回答だ。だから、妥当な判断ができなくても嘆くことはない。結合条件でDもブリケットだと答えられたのは、大人ではたったの二割なのだ。

ところが、驚くなかれ、四〜五歳の子どもは、六割以上が、結合条件でDもブリケットだと考えた。一方、分離条件では、Dもブリケットだと考えた子どもは二割程度だった。つまり、子どもは何でもかんでもDを含めているのではなく、トレーニング段階で観察した出来事を考慮して、柔軟に推測をしたということだ。言い換えると、大人はトレーニング段階の出来事をあまり考慮できずに、自分の思い込みで答えてしまったということになる。ここでの思い込みとは、何らかの出来事の原因は一つだと考える傾向のことである。大人はそれに基づいて、ブリケットは一つだろうと考えてしまったのだ。

「子どもは論理的でない」と言ったのは、ある人気推理小説の主人公の天才物理学者だったか。しかし、少なくともこのようなテストでは、論理的でないのは大人のほうなのだ。

第3章

子どもは芸術家

「子どもは誰でも芸術家だ。問題は、大人になっても芸術家でいられるかどうかだ」

これは、二〇世紀に最も活躍した芸術家の一人である、パブロ・ピカソの言葉である。『ゲルニカ』や『泣く女』など数々の作品で知られるピカソは、子どもの芸術性に関する言葉をいくつか残しており、子どもの創造性を称えている。

ピカソに言われるまでもなく、子どもが創造的であるという言葉には、多くの人が同意するのではないだろうか。筆者自身、自分にはまったくない娘の発想を見聞きして、ハッとさせられることは少なくない。

だが、科学者の端くれとして、そんな印象論で済ませていいわけはない。果たして、子どもは本当に創造的なのだろうか。本章ではこの問題について考えてみたい。

創造性とは？

まず、創造的であるとはどういうことかを簡単に考えてみよう。

心理学や認知科学では創造性についてさまざまな見方があるが、「専門家レベルの創造性」と、「日常レベルの創造性」に分けるのが一般的だ。

前者は、よく知られる芸術家や音楽家、科学者などを対象に分析し、その作品や成果から創造性を判断する。ピカソはキュビズムを生み出すなど、どう考えても創造的であるし、モーツァルトは、たとえ人格にはいろいろと問題があったとしても、『トルコ行進曲』などの誰もが聞いたことのある美しい曲を生み出しており、独創的であることに異論はないだろう。学者の世界では、医学や物理学であればノーベル賞、数学であればフィールズ賞があり、筆者の所属する京都大学にはそういった賞を受賞される先生も少なくない。ちなみに、筆者の専門とする心理学にはそういった賞はないが、学術論文の引用数などで、研究者の創造性や独創性をある程度測ることはできる。

しかし、「専門家レベルの創造性」は、一部の卓越した人を対象とすることが多く、もう少し一般的なのは、誰にでもみられるような「日常レベルの創造性」である。たとえば、既存の料理方法を少しアレンジした独自のレシピであるとか、Instagramに載せる写真を自分なりに加工したとか、そういったものだ。程度の差はあれ、誰であっても何らかの分野における創造性を発揮することはあるだろう。筆者自身は、娘とのごっこ遊びのレパートリーにはいささか自信がある（とはいえ、それは娘の創造性のおかげなのだが）。本書は子どもがテーマなので、ここで扱うのはこちらの「日常レベルの創造性」の話になる。

創造性はなぜ必要なのか？

このような創造性は、なぜ私たち人間にとって必要になるのか。それは、人類が直面してきた、新型コロナウイルスによる危機的な状況を考えればわかるだろう。

二〇二〇年初頭、中国に端を発した新型コロナウイルス感染症は瞬く間に世界中に広がり、人間社会を脅かした。この新型コロナウイルスによって、とくに感染が拡大し始めた当初、私たちにとって最も重要な社会生活というものが奪われた。友だちとおしゃべりをしたり、一緒にご飯を食べたり、お酒を飲んだりすることは、私たちにとって不可欠な営みであり、最も楽しいことの一つである。わが国でも複数回の緊急事態宣言が出され、私たちの日常は失われてしまった（一時的にせよ）。

　人間の行動には、大きく分けて「再生性」と「創造性」という特徴がある。「再生性」とは、過去の経験を再生する性質のことであり、日常を繰り返すために必要となるものだ。たとえば、これまでと同じように、対面での歓迎会を開くといったことである。新型コロナウイルスの影響下では、この再生性に依存してしまっては現実に対応することができなかった。一方で、私たちの行動には「創造性」もある。これは、現実の変化に対応するために必要なものとされ、過去の経験を再生するのではなく、それらを組み合わせることによって新しい行動を生み出していくものである。たとえば、従来の歓迎会とオンラインコミュニケーションツールのZoomを組み合わせて、Zoom歓迎会をするといったことだ。

　創造性というと、ゼロから新しいものを生み出すことと考えられがちだが、そうではない。ピカソも、モーツァルトも、誰よりも熱心に芸術や音楽を勉強していたことが知られている。彼らは過去の芸術や音楽を取り入れ、それらをもとに新しいものを生み出していたのである。この創造性によって、私たちは、現在の状況に対応することができる。飲み会だけではなく、テレワークであったり、Zoomを使った授業であったりといった新しい手段を生み出すことによって、私たちは困難を乗り越えることができたのである。

　このような創造性は、人間にとって不可欠であり、困難な状況であるほどその真価が発揮される。創造性がいかに重要であるかがわかるだろう。

創造性のテスト

では、私たちにとって重要な創造性は、どのように調べられるだろうか。ここでは、有名な二つの方法について紹介しよう。細かな違いはあるものの、基本的に子どもと大人は同じ方法で測定される。

一つは、被験者に、ある物体の使い方を考えてもらうというものである。図3－1を見てもらいたい。何の変哲もないブロックである。通常の用途といえば、いくつかのブロックを組み合わせて塀を作ったりすることだろう。読者の方に、このブロックのそれ以外の使い方を、二分ほど考えてもらいたい。ほかにどのような使い方があるだろうか。どんなものでもかまわない。

図3-1　創造性のテスト

答えの例は後で示すが、このような単純なテストを実施して、その答えをいくつかの方法で評価する。まず、どれだけたくさんの使い方を思いついたかという「頻度」である。これはアイデアの数を示すもので、最も一般的な創造性の指標といえる。次に、「オリジナリティ」という評価方法がある。これは、その答えの独創性がどれだけ高いかということである。たとえば、テストに一〇〇人が参加した場合、そのうち五人以下しか思いつかなかった答えを出せたら一点、一人しか思いつかなかった答えを出せたら二点というように、ほかの参加者の答えとの関係で決まってくる。また、ある参加者の答えがどれだけ幅広いかを示す「柔軟性」という評価方法もある。たとえば、「武器として使う」という回答と「ドアを固定するために使う」という回答は、性質がまったく異なっているが、「ドアを固定するために使う」という回答と「窓が閉まらないようにするために使う」という回答は、性質が似通っている。この場合、前者は柔軟性があり、後者は柔軟性に乏しいということになる。また、回答の詳細さも評価される。たとえば「ドアを固定する」という回答と「強風で閉まってしまいそうなドアを固定する」という回答では、後者のほうがより詳細であるといえる。

筆者としては、回答の頻度とオリジナリティが創造性と結びつくと考えている。読者のみなさんは、どれだけ回答を思いついただろうか？　たとえば、ダンベルがわりに使って筋トレするとか、物を沈めるときの重しにするとかは、比較的思いつきやすいかもしれない。オリジナリティが高いものだと、穴に花をさして花瓶がわりにするとか、文鎮として使うなど、もはやコントのような域である。

創造性を調べるもう一つの方法が、「トーランスの創造的思考テスト」というものである。こちらは商用で販売されているため詳細を書くことはできないが、ある図形を見せてそれを補完するような絵を描いてもらったり、ある写真を見せてその状況を説明してもらったりして、その回答を上記のブロックのテストと同じように評価するものである。

こういったテストは子どもの言語能力や絵画を描く能力にも依存するため、乳幼児向けのツールも開発されている。こちらでは、玩具を与えて、その遊び方の数や種類で乳幼児の創造性を評価することができる。いずれの方法も、どれだけ多く回答することができるのか、その回答がどれだけオリジナリティが高いのかという基準で評価する点では、創造性の評価の仕方は類似している。

創造性のスランプ

さて、ここからが本題である。子どもと大人の創造性は異なるのだろうか。

この点に関して、非常に興味深い研究報告がある。それが、創造性のスランプに関する議論である。

スランプは、調子が出ないことや、不景気、不振な状態を指す言葉である。最近はあまり聞かなくなったが、少し前には、よく野球選手の調子を表現するのに使われていた。筆者の記憶にあるのは、大学生の頃、当時阪神タイガースのスター選手であった新庄剛志選手（本書執筆時点で北海道日本ハムファイターズの監督）が不振の際に、在阪マスコミが厳しい口調で「スランプ」と表現していたことである。スポーツの場合のスランプは、不調は一時的なものので、また調子が戻るという意味を暗に含んでいる場合もあるが、英語では「突然の下降」という意味合いが強く、一時的であることは必ずしも含意していない。本書におけるスランプも、「突然下がる」という意味である。

二〇一一年に専門学術誌で発表された創造性に関する研究では、「創造性の危機」と銘打って、大きく二つの意味でのスランプが報告されている[*1]。一つ目は、子どもの発達にかかわるスランプであり、二つ目は、時代の影響にかかわるスランプである。後者については、過去と比べると現在の参加者の創造性が低下しているのではないかというものだが、データがそれほど明確ではないし、本章の目的からも外れるので、これ以上は触れないこととする。

昔から、子どもの創造性にスランプがあるということは、専門家の間では知られていた。研究によって年齢にばらつきがあるが、概ね小学校高学年頃に、創造性はスランプを迎えるという。

二〇一一年に発表された研究は、上記のトーランスの創造的思考テストを、日本でいうところの就学前の子ども、小学生、中学生、高校生、大人を対象に行い、その回答を上記の評価方法で検討した。その結果が衝撃的だ。まず「頻度」を見てみると、就学前の子どもの平均値が一九回で、その後順調に増えていき、小学校三年生でピークを迎えて平均二二回となる（ここでの回答数や以下でのオリジナリティの点数は、相対的に高いか低いかだけで判断していただきたい）。問題はその後で、小学校六年生まではほぼ同じだが、中学校に入ったとたんに就学前の子ども以下の回答数となり、高校生や大人はそれ以上に下がってしまうのである。まさにスランプである。

ただ、回答数だけだと、「中学生以上になると、本当はもっと回答できるけれど、そこまで熱心にやらないだけじゃないか」という動機づけの問題に帰着してしまうかもしれない。もしくは、あまりつまらない回答をしてはいけないという評価懸念から、つまらないと思った回答を控えただけかもしれない。そこで「オリジナリティ」が大事になってくるが、オリジナリティの結果も、子どものほうが創造的だという見方を支持しているのである。この研究では、就学前に一二・五点だったオリジナリティの得点は、小学校五年生まで順調に上昇して一五・五点になる。そして、ここが興味深いのだが、それ以降、こちらも急激に低下し、高校生では一三・五点まで下がってしまう。大人はいくぶん回復し一四・五点まで戻すが、小学校四年生には及んでいない（図3-2）。

これらの結果は、小学校中学年頃に、創造性のピークがある可能性を示唆している。むろん、このテストだけで決めつけるのは早計だが、多くの研究が、小学校四〜六年生頃に創造性のピークを迎えるという点で一致している。子どもは本当に創造的なのである。

なぜ創造性はスランプを迎えるのか

小学校高学年以降に創造性のスランプがみられるとして、それはなぜだろうか。この点に関しては明確な結論が出ているわけではないが、いくつかの可能性について言及しておこう。

指摘されているのは、いずれも現代の学校教育に根差しているという可能性である。私たちの思考は、「収束的思考」と「拡散的思考」に分けられるという見方がある。収束的思考とは、与えられた情報や問題から、唯一の回答に到達するような思考を指し、拡散的思考とは、与えられた情報や問題から、思考を拡散させていくような思考を指す。創造性は拡散的思考の一つであるが、現代の学校教育は、どちらかというと収束的思考に重きを置いている。たとえば、算数。「くるまが三台あります。一台に四人ずつのれます。みんなで何人のれますか」という問題（注：筆者が作った仮想の問題）を与えられて、式と答えを書かせる場合、「3×4＝12」と書くと、不正解になるという。掛ける数、掛けられる数というテーマで、どちらをどちらに掛けるかの順序が大事なのだそうだ。算数の教師からすれば、そのように教えると決まっているということかもしれないが、専門家のなかにはこのような教え方の問題を指摘する者もいる。

図3-2　創造性のピークとスランプ（文献1）

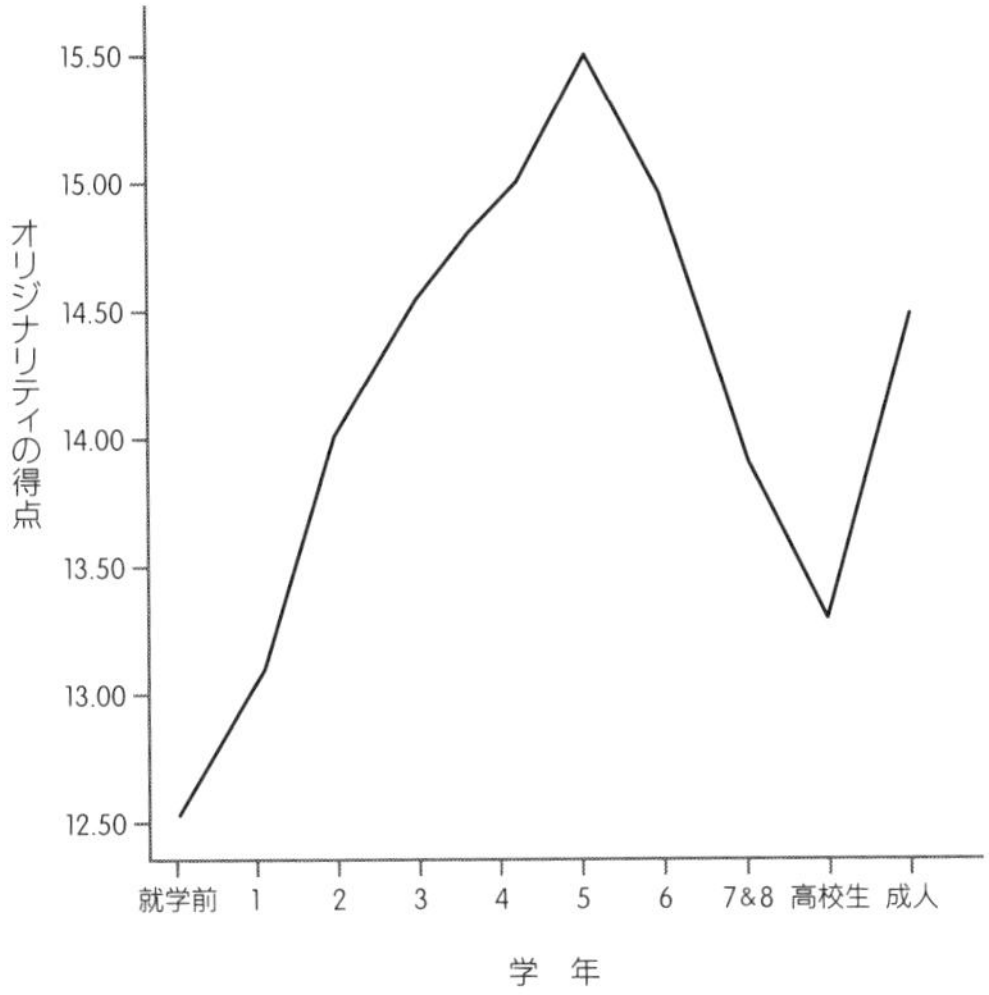

　筆者にはこうした教え方が正しいのかどうかはわからないが、学校教育のなかでは、多義的な答えを許容するというよりは、一義的な答えに収束させようとすることが多いように思う。また、学校教育では、学習内容の評価をテストという形式で行う。標準化された

テストを使用することによって、子どもは暗記や記憶を重視するようになり、創造的な解決法を重視しなくなるという指摘もある。

前章で紹介したアリソン・ゴプニックが指摘するように、学童期は自分が所属する文化に適応するためのスキルを学ぶ時期である。その過程で創造性が失われるのは仕方がないことなのかもしれないが、自由で創造的な子どもが堅物の大人になってしまうのは何とも悲しいことである。

創造性を育むことはできるか

では、創造性を失わないようにすることはできるのだろうか。これまでの内容を踏まえると、学校教育による収束的思考を減らすというのが解決策になるが、これはあまり現実的ではない。世の中には創造性を育むことを標榜するような子ども向けの教室も少なくないが、科学的な根拠に基づいていない。

難しい問題だが、そのヒントとなる研究を二つ紹介しよう。一つは、親が創造的であれ、というものである[*2]。この研究では、一歳の乳児の創造性を乳児向けの課題で測定し、その親の創造性との関連を調べた。その結果、親の創造性と乳児の創造性の間には中程度の関連があったということである。このような関係が、遺伝的な要因によるのか、親の日常的な行動などの環境によるのかは明らかではないが、親が日々新しいアイデアを試す様子を子どもが目にすることが、子どもの創造性の発達を後押しする可能性はある。

もう一つが、コロナ禍のような、外に出られない環境下における親のかかわり方にヒントを与えてくれる研究だ[＊3]。子どもにさまざまな経験をさせたほうが創造性は促進されるような気がするが、この研究では、むしろ逆の傾向を示している。この研究では、子どもに一六種類の玩具を与えた場合と、四つの玩具を与えた場合の遊ぶ様子を観察した。その結果、玩具と接触する行動自体は一六種類の玩具を与えられた子どものほうが多かったものの、玩具で遊ぶ時間や、遊びの種類の豊富さ（＝創造性）は、四つの玩具を与えられた子どものほうが多かったという。玩具が多すぎると、どれもこれも中途半端になってしまい、少し遊んだだけで終わってしまう。一方、玩具が少ないと、子どもに工夫の余地ができて、創造的に遊ぶようになるのだ。

コロナ禍で、外出できないという制約は、大人にとっても子どもにとっても厳しい経験ではあった。しかしそのような制約が、子どもの創造性を育んでくれるかもしれない。ピンチをチャンスにしたいものである。

第4章

子どもがもつ空想の友だち

幼児期は、空想のハイシーズンだといわれる。筆者の子どもの頃を思い返しても、「聖闘士星矢」などのキャラクターになりきって敵と戦うのは日常茶飯事だったし、新型コロナウイルスの影響で家にいることが多くなった時期、娘と過ごす時間の大半はごっこ遊びだった。ときには水族館を舞台とし、ときには図書館を舞台とし、ときには忍者となり、空想遊びは延々と展開される。大人たる筆者にとって、空想遊びは楽しいものの、かなり認知的にコストがかかり、長い時間行っているとくたびれてくる。一方、娘は、どれだけ空想に耽ったところで疲れる様子はなく、嬉々として続けようとする。空想のハイシーズンなのだなと実感する日々であった。

このような空想は、想像力の表れと見なすことができる。前章でテーマとした創造力が、既存のものを組み合わせて新しい何かを生み出す能力であるのに対して、想像力は記憶や過去の経験に基づき、心像を生み出す力といえるだろう。本章では子どもの示すこの想像力について、筆者らの研究に基づき紹介してみたい。

空想の友だちとは？

外国の映画を観ていると、ジョーク交じりに“imaginary friend”という言葉が出てくることがある。筆者が大学院生のときに英会話を鍛えようと毎日観ていたアメリカのコメディ『フレンズ』のなかで、登場人物であるジョーイが子ども時代を振り返りながら「imaginary friendと遊んでいた」などと寂しそうに語るのを見て、その存在を知った。その後、トロント大学に留学していたときのパーティーで、友人が別の知り合いに「imaginary friendと踊ってきたら」というジョークを言っているのを聞き、本当にそういう会話をするのだと感動したものである。こういう会話が日常的にみられるように、北米やイギリスでは、“imaginary friend”という概念は比較的普及している。

これは学術的には“imaginary companion”と表現される［*1］。日本語では「空想の友だち」という訳が一般的だ。すなわち、子どもが想像力によって生み出す友だちのことである。原義では、まったく目に見えない友だちを指す。子どもが目に見えない何かとおしゃべりをしたり遊んだりするのだから、周りからすると少々気味が悪いかもしれない。日本ではあまりなじみがない概念だが、欧米では一九世紀末の時点ですでに学術研究の対象となっており、二〇世紀に研究が進展している。

空想の友だちは、二〇世紀半ばまでは、どちらかというとネガティブなイメージが強い存在だった。たとえば、子どもの情緒的な問題の表れであるとか、精神疾患の兆候だというふうに考えられていたのである。目に見えない誰かがそこにいるというわけなので、たしかに幻覚や妄想の一種のように思えなくもない。実際、『ビューティフル・マインド』『パラノーマル・アクティビティ3』などの映画では、精神疾患や狂気などと関連づけられている。

だが、空想の友だちが精神疾患の兆候であるという見方は偏見や思い込みによるものである。データに基づく研究が盛んになった一九七〇年代以降は、子どもが空想の友だちをもつことは、情緒的な問題や精神疾患とはとくに関係がないことが示されている。

ぬいぐるみの友だち

さらに、一九九〇年代以降、空想の友だちには大きく二種類あると主張されるようになった。一つは、上記のような目に見えない友だちであり、影も形もない。もう一つは、ぬいぐるみや人形のように実体があるものを友だちとして扱うようなことである（図4-1）。こ

図4-1　目に見えない空想の友だち（左）、目に見える空想の友だち（右）

ちらを含めるとなると、日本人としてはだいぶハードルが下がるのではないだろうか。道を歩いていても、子どもがクマやパンダのぬいぐるみを脇に抱えていることは珍しくない。筆者の娘も、クマやウサギはもちろんのこと、タコやサメ、ユニコーン、オオサンショウウオなど、友だちは増えていく一方である。

ただし、大事な点として、ぬいぐるみをただ抱えているだけでは空想の友だちとは見なされない。子どもがぬいぐるみや人形を友だちのように扱っていることが重要なポイントである。たとえば、話しかける・話しかけられるなどコミュニケーションをとるかという点や、一貫した性格をもった存在と見なしているかという点が大事になってくる。また、名前をつけており、それが同じ名前であるという点も重視される。

直感的には、目に見えない友だちとぬいぐるみの友だちを同列に扱ってよいのか、疑問に思う方もいるだろう。筆者としても、両者に必要な想像力が同じとは思えない。前者は影も形もないところから友だちを作り上げ、一貫した人格を付与するのに対して、後者は顔や身体があり、表情などからある程度性格なども想像することができるためである。

また、目に見えない友だちとぬいぐるみの友だちでは、子どもとの関係性が異なるとする研究報告もある。子どもは、目に見えない友だちとは対等な関係であることが多いという。つまり、実際の友だちと同様の関係ということだ。一方、ぬいぐるみの友だちとは、タテの関係であることが多いとされる。つまり、子どもが親もしくは年上のきょうだいとなり、ぬいぐるみを赤ちゃんもしくは年下の子どもと見なして世話をするような関係が多いというのである。

このような違いはあるものの、この研究分野では、両者に必要とされる想像力は似たものであると考えられている。ぬいぐるみの場合であっても、子どもの心のなかでは、ぬいぐるみはそのままの形をしているわけではなく、もっと大きかったり、別の顔や形をしていたりすることがしばしばあるためである。

さて、本書の主眼の一つは、大人とは異なる存在としての子どもの姿を紹介することであった。筆者としては、空想の友だちこそが、幼児期におけるその最たる例だと考えている。筆者らは、空想の友だちをもつ子どもがどれくらいいるか、二歳から九歳の子どもをもつ親八〇〇名に対して調査を実施した［*2］。日本では、空想の友だちはあまり身近な存在ではない。そのため、いくつかの例を出したうえで、子どもが空想の友だちをもっているかを尋ねた。

その結果、目に見えない友だちとぬいぐるみの友だちを合わせると、調査した子どもの約半数が空想の友だちをもっていることが明らかになった。また、二歳から九歳の子どものうち、空想の友だちを最も多くもっていたのは四歳児であった。二歳から四歳までは空想の友だちをもつ子どもの割合は上昇するものの、五歳から九歳まではその割合は一貫して低下していた。九歳になると、空想の友だちをもつ子どもの割合は二〇%以下となる。

内訳をみると、筆者が対象とした日本の子どもでは、ほとんどがぬいぐるみの友だちであった。これはどの年齢においてもほとんど変わらない。空想の友だちをもつ子どものなかで、目に見えない友だちをもつ子どもは一～二割程度であった。親の報告だけでは信頼に足らないと思うかもしれないが、子どもを対象に聞き取り調査を実施しても結果はほとんど変わらない。

興味深いことに、このようなパターンは、アジアの子どもに特有である可能性がある。筆者らは、欧米の子どもを対象にした研究と筆者らの研究データを再分析し、どの程度の子どもが空想の友だちをもつかを推計した[＊3]。その結果、欧米であれ、日本であれ、幼児期の子どもは、半数前後が空想の友だちをもつことが示された。その内訳を見てみると、欧米では、目に見えない友だちをもつ子どもの割合のほうが高かったのに対して、日本の子どもでは、ぬいぐるみの友だちをもつ割合が高いことが明らかとなった。

この結果について、筆者らは、親のかかわりや宗教観などが重要な役割を果たしているのではないかと考えている。欧米では、目に見えない友だちと子どもが遊ぶことはそれほど珍しいことではないので、子どもが空想の友だちと遊ぶ様子を見ても、親は無理にやめさせることはない。一方で、日本の子どもが目に見えない友だちと遊ぶ様子は、あまり一般的ではない。もちろん、子どもが「仮面ライダー」などになりきって見えない敵と戦うのはよくある光景だが、これはあくまで敵を倒すだけであり、子どもと敵の間に人間同士のようなコミュニケーションは存在しない。子どもが誰もいない空間に向かって話しかける様子を目撃すると、日本の親は気味悪がってネガティブな態度を示すだろう。事実、筆者が空想の友だちの研究をメディアで発表した際に、空想の友だちをもつ子どもの保護者から、「子どもが目に見えない誰かと話すのだが、何か精神的に問題を抱えているのではないかと心配だった」という電話をいただいたことがあった。一部の医師は、空想の友だちは子どもの障害や精神疾患の表れだと根拠なく述べるのも事実である。上記のように、空想の友だちは、精神疾患とは関連がないことが示されているにもかかわらずである。

また、宗教観も重要なのではないかと考えている。欧米は一神教を信奉する人が多く、その神は目に見えない存在である。子どもは、食事の際などに親が神に対して祈りを捧げる様子を目撃することもあるだろう。日本の場合、多神教が背景にあり、木や石、山などのモノに神性や人のような特徴（「山が怒る」など）を見出すこともある。こうしたことから、子どもがぬいぐるみに人格を見出すのも自然なことなのではないかと考えている。

ちなみに、大人は空想の友だちをもつのだろうかと疑問に思う方もいるかもしれない。少なくとも、ぬいぐるみの友だちをもつ大人はそれなりにいるようである。ぬいぐるみのみならず、自動車やコンピュータに名前をつけて話しかける人も珍しくない。目に見えない友だちに関しては、このタイプの空想の友だちをもつ人に数名ではあるが出会ったことがある。プライバシーを含むので詳細を書くことはできないが、「精神的に問題を抱えていると思われるだろうから、恋人にも話したことはない」という人もいた。筆者は、大人でも、それなりの数の人が空想の友だちをもっているのではないかと推察している。

空想の友だちをもつ子どもの特徴

とはいえ、すべての子どもが空想の友だちをもつわけではない。空想の友だちをもつ子どもには、どのような特徴があるのだろうか。さまざまな研究がなされているが、空想の友だちをもつ子どもともたない子どもでは、能力や性格にはあまり違いがないことが報告されている。具体的には、知能（ＩＱ）、記憶力、性格などには違いが見出されていない。また、次章で説明するが、イメージを生成する能力や、現実と空想を区別する能力にも違いがない。

空想の友だちをもつ子どもの特徴として挙げられるのは、大きく三つである。一つは性別だ。男児よりも女児のほうが、空想の友だちをもつ割合は高い。筆者らの分析によると、女児は男児の約一・七倍、空想の友だちをもちやすいことが示されている。たしかに、街を歩いていると、ぬいぐるみを抱えているのは、男児よりも女児のほうが多いような印象がある。男児と女児では想像的遊びの表出の仕方が違うのではないかという指摘もある。男児では、ぬいぐるみや人形をもっていても、それらとコミュニケーションをとって遊ぶというよりは、上記のように自分がヒーローになりきって戦ったりすることが多いかもしれない。女児は、自分が母親や看護師などになりきることもあるが、自分だけではなく、ぬいぐるみにも子どもや患者などの役割を投射し、コミュニケーションをとるため、空想の友だちを多くもつのかもしれない。

二つ目は、きょうだいの有無と出生順だ。きょうだいがいる子どもよりも一人っ子が、妹や弟よりも姉や兄が、空想の友だちをもつ割合が高いことが示されている。筆者らの推計によると、第一子が空想の友だちをもつようになる確率は、そのほかの子どもよりも二・八倍高い。これは、想像力の原義に立ち戻れば理解できる。上記のように、想像力とは、記憶や過去の経験に基づき、心像を生み出す力のことである。空想の友だちに関していえば、過去における現実の友だちや家族とのやりとりの経験をぬいぐるみや目に見えない存在に対して投射することで、空想の友だちは成立すると考えられる。きょうだいがいる場合、子どもは現実の他者とのやりとりに時間を使うため、空想の友だちを生み出す時間的・空間的な余地がない。仮に空想の友だちを生み出しても、その友だちと継続的に遊ぶ余裕はないだろう。一方、一人っ子の場合は、時間的・空間的余裕がありそうである。そのため、空想の友だちを生み出し、継続的に保有する余地ができると考えられる。

空想の友だちと社会的認識

三つ目は、社会性の高さである。かつては、社会性が低く、現実の友だちと遊ぶことが苦手である子どもが、空想の友だちと遊ぶと考えられていた。しかしながら、現在では、むしろ逆の可能性が指摘されている。つまり、社会性が高く、現実の友だちと遊ぶことが好きな子どもが、現実の友だちがいないときにも空想の友だちを生み出し、その友だちと遊ぶということである。この点については実証的な証拠はあまり多くないが、関連する研究として、空想の友だちをもつ子どもは、そうでない子どもよりも、社会的認識に優れている可能性が指摘されている。

社会的認識とは、「心の理論」（他者の心を推測する能力）などに代表される、他者理解に必須のスキルである。「心の理論」に関しては、言語的な課題では四～五歳頃、非言語的な課題では一歳前後で発達することが報告されている。空想の友だちとの関連では、空想の友だちをもつ子どもは、そうではない子どもよりも、「心の理論」課題の成績がよいという報告がいくつかある。「心の理論」は、他者の心をシミュレートして、その後の他者の行動を予測する能力であるから、ぬいぐるみや目に見えない存在に心や人格を投射し、シミュレートすることで、空想の友だちになる、と説明される。しかし、より最近の研究では、「心の理論」と空想の友だちの関係は必ずしも確認されていない。

筆者らはこの点について、「心の理論」のテストは、基本的に人間の心を推測する能力を調べるものであることに起因すると考えた。子どもは、人間だけではなく、人間以外の存在に対しても、擬人化することによって心を投射することがある。そこで筆者らは、空想の友だちをもつ子どももたない子どもで、擬人化する傾向の違いを調べた。その結果として、空想の友だちをもつ子どもは、もたない子どもと比べて、幾何学図形に生き物らしさを感じやすく、目標をもった行為をすると認識しやすいことが示された［＊4］。つまり、擬人化傾向が強い子どもは、ぬいぐるみや目に見えない存在を擬人化し、人間らしい心を付与しやすいため、それとコミュニケーションをとることができるのである。

ここまで、空想の友だちについて基本的な事柄と、発達にかかわるメカニズムについて見てきた。空想の友だちは、子どもの想像力が生み出す興味深い存在だといえよう。次章も引き続き、このテーマに関連するトピックを取り上げる。

第5章

子どもの想像と知覚

前章では、筆者が行っている研究を中心に、「空想の友だち」について紹介した。復習しておくと、空想の友だちとは、子どもが想像力によって生み出す友だちのことである。日本では、映画『となりのトトロ』に登場するトトロなどがわかりやすい例だろう。

空想の友だちには、目に見えないタイプと、ぬいぐるみのような目に見えるタイプがある。両者には違いがあるように思えるが、コミュニケーションをとれるといった共通点がある、という話であった。本章では、目に見えないタイプの空想の友だちにとくに注目して、さらに考えてみたい。

子どもにだけ見える？

『となりのトトロ』の主題歌では、子ども時代には不思議な出会いが訪れる、と歌われている。これはある種の比喩のようにも思えるが、作品中に登場するサツキとメイは、一部は夢であることを認識しつつも、トトロやネコバスの姿を現実に視知覚している。『となりのトトロ』はあくまで映像作品だが、研究で子どもに話を聞いても、「目に見えない」はずの空想の友だちを実際に視知覚しているのではないかと思わせる例にしばしば遭遇する。たとえば、髪の色や髪形を詳細に話したり、目の色について言及したり、着ている洋服の細かな描写をしたりなど、本当に目の前に見えているかのように語るのである。

また、子どもは空想の友だちの「行動」の様子も事細かに語る。研究者に紹介しようとしたら恥ずかしがって向こうに行ったと語る子どももいるし、トイレにうんちに行って、ある瞬間に帰ってきたと報告してくれた子どももいる。

もちろん、こうした子どもの言語的な報告は、遊びの一種だとも考えられる。子どもには空想の友だちの姿は見えていないけれど、記憶から再構成し、想像力を発揮して、まるで見えているかのように語っているだけという可能性は大いにあるだろう。

このように、子どもの言語的な報告は、司法場面を例に出すまでもなく、科学的な証拠としては採用されづらい。これは、子どもの言語的報告を過信したピアジェの研究を発達心理学が批判的に発展させてきた結果ともいえる。では、どうすればよいのか。これが筆者の過去一〇年の研究課題であった。

子どもの言語的な報告が信用できないのであれば、より客観的な方法を使うべきだろう。どういう方法があるだろうか。

発達心理学の歴史を紐解くと、ピアジェの言語的な報告や観察を用いた研究から、子どもの視線や行動を用いる研究を経て、脳波や脳活動などの生物学的な指標を用いる研究に至っている。筆者らは、視線を用いた研究と、脳活動を用いた研究を考案した。以下、その研究の内容を紹介する[*1]。話が少々ややこしくなるが、お付き合いいただきたい。

今回の研究で検証したいのは、「子どもは空想の存在を視知覚している」という主張であった。そのために、以下のような考えに基づいて研究を進めた。

まず、子どもに限らず、人間が他者を視知覚しているときに特徴的な行動があるとする。今回でいえば、他者の動きを見ているときに限ってみられる視線のパタンがあるとする。この視線パタンは、たとえば何か物体を見ているときにはみられない。これを「他者特有視線パタン」と呼ぶ。

次に、空想の他者を見ているような状況を設定する。本来なら、子どもが自分の空想の友だちを見ているときに実験をしたいが、空想の友だちはなかなか実験場面には来てくれない。そこで、実験者が、空想の他者がいそうな状況を設定し、そのシーンを見せる。そのときに他者特有視線パタンがみられれば、子どもは空想の他者を本当に視知覚しているのではないか。少なくとも、子どもの世界には、「他者」が存在しているのではないか。こういう考えだ。

言い換えると、この研究では、まず他者特有視線パタンを見つけ、これが子どもと大人で同様にみられることを示す。次に、空想の他者を見ているような状況で、他者特有視線パタンがみられるかを検証する。大事なこととして、一般的な大人は空想の友だちをもたないが、子どもは空想の友だちをもつ可能性が相対的に高いので、大人と子どもの平均的な反応を比較すると、空想の他者を見ているような状況を設定しても大人は他者特有視線パタンを示さないが、子どもではこの視線パタンがみられやすいと考えられる。

視線を使った研究

筆者らは三つの実験を行った。

図5-1　視線を使った研究：実験1

顔あり条件　　顔なし条件

　まず実験1では、図5－1のような映像を見てもらい、その際の視線の動きを視線計測装置を用いて調べた。この実験では、女性の顔がある映像（顔あり条件）と顔がない映像（顔なし条件）を用いた。顔の有無以外は同じ二つの映像である。

　この映像では、女性は画面右すみに置かれているボールを取り、画面左すみにあるバケツに入れる。この繰り返しである。この映像を見た場合、ボールが置いてある右すみの①がスタート地点であり、バケツのある③がゴール地点となる。映像を見る者の視線が①→③に移動することには疑問の余地はないだろう。

　ここで、顔あり条件と顔なし条件を設定したことに意味がある。顔は、人間にとって非常に重要な情報源だ。相手の気持ちや考えを理解したり推測したりするために、相手の顔からいろいろと情報を得ることができる。生まれたばかりの赤ちゃんですら、顔らしいパタンを好むことが知られている。そのため私たちは、顔を見るように指示されなくても、そこに顔があると、顔を見てしまうのである。

今回の実験では、参加者は女性の顔を見るようには指示されていない。にもかかわらず、顔あり条件では、参加者は、まずボールを見て（①）、次に顔を見て（②）、最後にバケツを見る（③）。つまり、①と③の間に顔を挟むと、ついつい顔を見てしまう。一方、顔なし条件では、顔がないため、ボールを見て（①）、そのままバケツを見る（③）。

これを定量的に表現すると、顔あり条件では①→②→③の順番で視線が動くため、①から③まで視線が動く時間を測ると、②を見るぶん余計に時間がかかってしまう。つまり、顔なし条件と顔あり条件の①から③までの時間を測ると、顔なし条件のほうが短いのだ。

二〜六歳の幼児と大学生に実験に参加してもらったところ、幼児でも大学生でも、顔なし条件のほうが①から③までの視線移動時間は短かった。このこと自体は先行研究を考慮すればそれほど驚くべきものでもないが、顔があるとついつい顔を見てしまうという①→②→③の視線パタンが、本研究における他者特有視線パタンである。問題は、この視線パタンが、空想の他者を見ているような状況でもみられるかどうかである。

図5-2　視線を使った研究：実験2

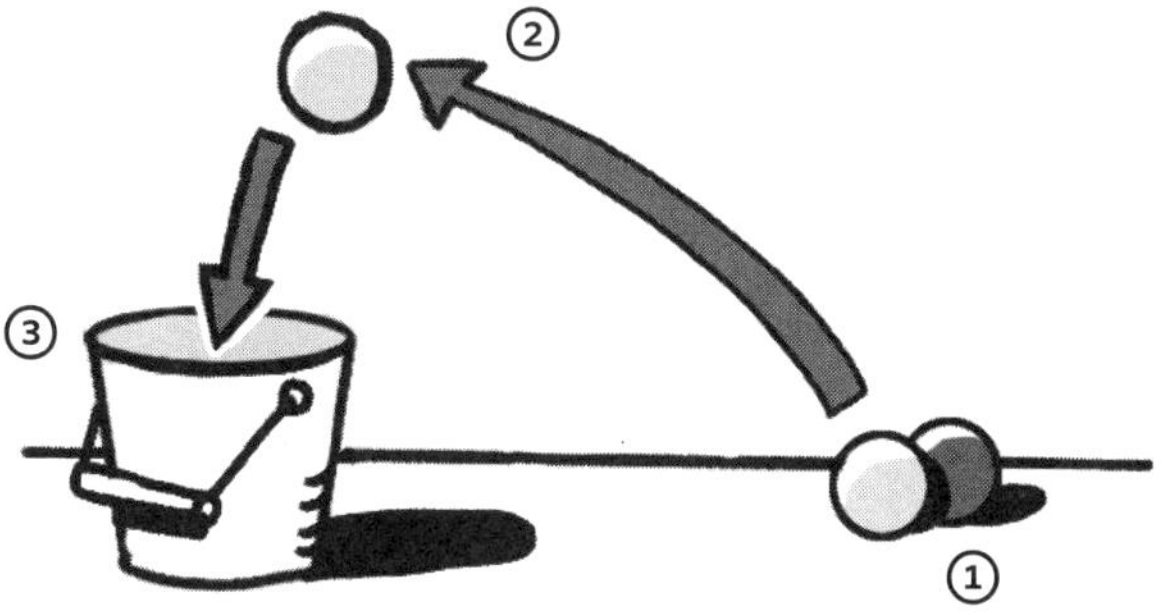

ゴーストビデオ

実験2では、大学生を対象に、空想の他者を見ているような状況での視線パタンを調べた。このために作成したのが「ゴーストビデオ」である。

ゴーストビデオとは図5－2のようなもので、図5－1と異なり女性は存在しないのだが、ボールは図5－1とほぼ同じ軌跡で動く。つまり、ゴーストビデオでは、誰も存在しないのに、誰かがボールを①から③まで動かしているかのような動きをするのだ（実際には上からボールを吊って動かしている）。

実験2でも二つの条件を用意した。一つはボール条件で、参加者はただボールの動きを見ているように指示された。もう一つは想像条件で、参加者の最も親しい人（家族や恋人）を一人決めてもらい、その人がボールを動かしている様子を想像しながら見てもらった。

この想像条件が、空想の他者を見ているような状況ということである。もし、大学生の参加者が想像した他者を視知覚しているのであれば、「想像条件≒顔あり条件」「ボール条件≒顔なし条件」のような視線パタンがみられるだろうと考えた。つまり、想像条件では親しい人の動きを想像してもらっており、必ず親しい人の顔も想像していると考えられるため、①と③の間で②を見るような視線パタンがみられるのではないか。一方、ボール条件では、顔なし条件のように①から③に視線が動くだろう。

実験の結果、大学生では、想像条件とボール条件の間に違いがみられなかった。つまり、空想の他者を見ているような状況において、大学生では他者特有視線パタンがみられなかったのである。これは、一般的に大学生が空想の友だちをもたないという知見と一致する。

そして最後の実験3では、二〜六歳の幼児を対象に、実験2と同じような手続きの実験を行った。ただし、想像条件では、大学生と同じ方法を用いても、幼児はうまく想像できないだろう。そこで、幼児が空想の他者を想像しやすいように、目に見えない「ヒカル君」という友だちがいるという話をし、「その子どもがボールを運ぶから見ていてね」と指示した。ボール条件では、実験2と同様、ボールの動きを見てもらった。

その結果、実験3では、ボール条件のほうが想像条件よりも、①から③までの視線移動時間が短いことが示された。つまり、ボール条件では①→③と視線が動くのに対して、想像条件では①→②→③の順に視線が動いたため、余計に時間がかかってしまったのである。この結果は、幼児においては、空想の他者を見ているような状況で他者特有視線パタンがみられたことを示している。言い換えると、幼児は、想像したヒカル君の顔についつい引きつけられてしまった可能性がある。これは、想像したヒカル君の顔を視知覚したように経験した可能性を示唆する。

空想の他者が友だちになるとき

以上をまとめると、まず実験1で、幼児と大学生において、他者の行動を見ているときに特有の他者特有視線パタンを見つけた。これは、顔があるときに、その顔をついつい見てしまうパタンである。次に実験2では、大学生において、他者を想像しているとき、このパタンはみられないことを確認した。そして実験3では、幼児において、ヒカル君の行動を想像しているときに他者特有視線パタンがみられたのである。以上の結果から、筆者らは、子どもは空想の他者を視知覚している可能性があると考えている。

注意が必要なのは、この研究では、子ども自身の空想の友だちを扱えていない点である。実験者が紹介したヒカル君という空想の存在を視知覚している可能性を示したに過ぎない。筆者らの考えでは、幼児期には、想像した他者を視知覚するような経験はよくあるものである。空想の友だちとまで言えなくても、「知らないおじさんが立っている」とか、「亡くなったおばあちゃんが座っている」と子どもが報告するのは珍しいことではない。親がこういう子どもの話を聞くと、たいていは、幽霊などのオカルト方面に走るか、子どもが精神的な問題を抱えているのではないかと考えるか、どちらかである。

しかし、筆者らは、想像した他者を視知覚するような経験は、子どもでは非常に一般的なのではないかと考えている。つまり、幼児期特有の認知機能として、子どもに備わっているのだ。このような想像した他者を視知覚したときに、ある子どもはそれを友だちにしようと考えるし、別の子どもは気味悪がって見なかったことにするのかもしれない。空想の友だちをもつ子どもは、そうではない子どもよりも社交的であることが示されていることからすると、社交的な子どもはその不思議な存在を受け入れて、友だちとするのだろう。

脳活動を使った研究

とはいえ、やはり子どもが自身の空想の友だちをどのように認識しているかは知りたいところだ。最後に、一事例に過ぎないが、子ども自身の空想の友だちを対象にした研究を紹介したい。

これは、ある小学生の女児がもつ空想の友だちについての研究である。女児によれば、その友だちはおじさんの風貌をしており、普段は頭のなかにいるが、外の世界にも出てくるという。また、話を聞く限り、基本的に女児の分身で、女児と同じように考え、同じものを好むらしい。

筆者らは、この女児が空想の友だちを呼び出した際の脳活動をｆＭＲＩ（磁気共鳴機能画像法）によって観察した。

実験の手順は上記の視線の実験と同じで、呼び出した実際の他者の行動を知覚しているときの脳活動と、呼び出した空想の友だちの行動を知覚しているときの脳活動を比較した。考え方についても同様で、他者の行動を知覚している際に特有の脳活動パタンが、空想の友だちを知覚しているときにもみられるのかという点を検証した。

結果としては、他者の行動を知覚している際の脳活動と空想の友だちを知覚している際の脳活動に一部重複がみられた。これは楔前部という脳領域で、主に視覚的なイメージをしているときや、他者の心を推論するときに活動することが知られている。いわゆるメンタライジングネットワークという、他者の行動を知覚しているときにしばしば活動する神経回路の一部である。つまり、他者知覚時に特徴的にみられるネットワークが、空想の友だちを知覚しているときにも活動していたのである。

一事例であるし、技術的な問題もあるので慎重に解釈するべきだが、視線の研究と考え合わせると、子どもは空想の友だちを知覚しているとき、実際の他者を知覚している場合と同じ経験をしている可能性が示唆される。

*

本章では、「子どもが空想の友だちを視知覚している」という仮説についての研究をみてきた。まだまだ研究は緒に就いたばかりだし、データも不十分なので強い結論は導けないが、この仮説がまったく馬鹿げたものではないという可能性は示すことができたのではないかと思う。

筆者自身は、こういった科学の俎上に載せられるかどうか微妙な問題を、できる限り厳密な実験的手法を用いて科学的テーマとして研究することが心理学という学問の役目だと考えているし、こういう研究を楽しんでいる。今後もこういう研究を続けていきたい。

第6章

子どもの嘘

今日も政治家が、企業のトップが、芸能人が、誰が見ても事実と相反すると思われる言明をしている。このような世の中で育つ子どもに、「嘘をついてはいけない」などと言えるのか、自問する日々である。

とはいえ、わが子が嘘をつくと、親はショックだろう。自分の育て方が間違っていたのではないか、この子は将来サギ師になるのではないかと心配する人もいるかもしれない。たしかに、嘘をつくことは、あまり褒められたことではない。いつも嘘をついていたら、周りはその子どもの言葉を信用しなくなるだろう。

一方で、嘘をつくためには、現実と現実ではないことを区別したり、事実を言うことを我慢したり、相手が何を知っていて何を知らないのかを推測したりしなければならず、さまざまな認知機能が必要となる。そのため、子どもがいつ、どうやって嘘をつくようになるのかは、発達心理学的には大変興味深い問題である。

本章では、子どもの嘘に関する研究と、どうしたら嘘や不正行為を減らすことができるのかについてみていこう。

嘘とは？

まず、嘘を簡単に定義してみよう。

子どもが事実と反することを口にしても、すなわち嘘とはいえない。単に、前に起こった出来事を忘れているだけかもしれない。相手を欺く意図があるかどうかが大事である。たとえば、テーブルに置いてあったおやつがなくなっていて、子どもにおやつを食べたかどうか尋ねた場合に、子どもが「食べてない」と答えても、本当は食べたことを忘れていた場合は嘘ではないし、食べたことを覚えていて、怒られないように事実と反することを言った場合は嘘と見なされる。

以下でみていくように、子どもは幼児期頃に嘘をつくようになる。そして、嘘には大きく二種類ある。黒い嘘と白い嘘だ。

黒い嘘とは、その色が示す通り、悪い嘘だ。相手を欺き、自分が利益を得るためにつく嘘である。日本語でいうところの「真っ赤な嘘」につながるだろう。一方、白い嘘とは、嘘は嘘だが、必ずしも悪い性質のものではない。相手のことをおもんぱかる結果としてつく嘘だ。たとえば、プレゼントをもらったときに、たいして嬉しくなくても「すごく嬉しい」などと言うのは、たしかに相手を欺いてはいるのだが、相手の気持ちを汲んだうえでつく嘘だ。ある種のコミュニケーションスキルといえるだろう。

日本では、黒い嘘も白い嘘も、相手をだますという意味で悪いことと考えられがちだが、白い嘘はコミュニケーションの潤滑油として必要だと考えられる国や地域もある。

黒い嘘の発達

黒い嘘の発達は、「覗き見実験」で検証される（図6-1）。この実験では、子どもは実験者に背を向けて座る。そして、実験者が用意している玩具が何であるかを当てるゲームをする。玩具は何らかの音を立て、その音をヒントに子どもは答える。たとえば、猫の鳴き声がしたら、「猫」と答えると正解である。

いくつか簡単な問題を出した後に、難しい問題になる。音を聞いても答えがわからないのだ。この問題を出している最中に、電話がかかってきて、実験者は部屋を出る。後ろを向けば、子どもは玩具が何であるかがわかるようになっている。玩具が音を立てるので、実験者がいない間にたいていの子どもが振り返って見てしまう。その後、戻ってきた実験者が「見た？」と尋ねる。そのとき、子どもがどのように答えるかが検討される。

この実験の結果、約半数の三歳児、ほとんどの四歳児が嘘をつくことが示された［＊1］。つまり、本当は見ているのに、「見てない」と答えるのである。したがって、嘘をつくようになるのは三歳頃からといえるだろう。

大人は、子どもが嘘をついてもすぐに見破れると思うかもしれない。ところが、一般の大学生に、嘘をついた子どもとついていない子どものビデオを見せ、音声を消して非言語的な振る舞いからどちらが嘘をついているかを評定させると、どの子どもが嘘をついているかは見破れないようだ。親ですら、非言語的な振る舞いだけでは、子どもの嘘を見破るのは難しいことが知られている。

嘘は一度ついたら、つき通さなければなら

図6-1　覗き見実験

ない。政治家でも芸能人でも、最初についた嘘を貫くために、次々と嘘を重ねていく。そこで一貫性がなければ、嘘をついたとばれる。

子どもの研究で面白いのは、子どもが嘘をついた後に、ひっかけ質問を出したときの子どもの反応だ。実験者が「見た?」と聞いても「見てない」と答える子どもたちに、「このなかのおもちゃは何色だった?」と聞くと、正しい色を答えてしまう。八歳以下の子どもは、一貫した嘘をつくことが難しいようだ。

白い嘘の発達

次に、白い嘘である。

先にも述べた通り、白い嘘とは、相手をおもんぱかってつく嘘である。発達研究では、白い嘘は、社会的行動の発達の一つとして捉えられている。相手のことを思いやって自分の行動を変化させるわけだから、立派な社会的行動といえるだろう。とくに、対人コミュニケーションの発達を示すものと考えられる。

この白い嘘も、多くの研究によってその発達過程が明らかになっている。ある研究では、実験者が子どもに写真を撮ってほしいとお願いする。いざ写真を撮る段になったら、実験者の鼻にシールが貼ってあり、写真を撮るには少し問題があるが、実験者はそのシールに気づかない。そして、子どもに「これで写真撮っても大丈夫？」と尋ねる。そこで子どもが「うん」と答え、写真を撮って実験者が去った後に、子どもが別の実験者との会話でシールに言及したら、白い嘘をついたと見なす（図6－2）。

この場合、子どもは、写真を撮るには不適切な状況であるが、シールを指摘すると実験者の気分を害すると考え、「大丈夫」と回答する。実験者の気持ちに配慮して嘘をつくということだ。実際には、子どもは実験者が変だと気づいており、そのことを別の実験者に告げるわけである。個人的には、シールがついていることを指摘したほうが親切だと思うが、この実験では、これを白い嘘の証拠だと考える。実験の結果、三～七歳の八割以上が白い嘘をついたという。

図6-2　子どもは白い嘘をつくか？

別の研究では、三〜一一歳の子どもを対象に、「贈り物実験」を用いて白い嘘の発達を検討した[*2]。この研究では、まず、実験者が子どもと遊んでいると、別の実験者から電話だと告げられる。そこで、実験者は、包装されたプレゼントを子どもに渡してその場を去る。そのプレゼントの中身は石鹸であり、子どもが喜ぶようなものではない。ほとんどの子どもは包装を開けて石鹸を見つけるが、喜んだりはしない。その後、実験者が部屋に戻ってきて、子どもにプレゼントが気に入ったかを尋ねる。最後に、実験者が再び部屋を離れ、子どもの親が部屋に入ってきて、プレゼントが気に入ったかを再度尋ねる。このとき、実験者には「気に入った」と言うが、親には「気に入ってない」と答えたら、白い嘘だと見なされる。この実験の結果、七割程度の未就学児が白い嘘をついた。また八割以上の就学児が白い嘘をついたという。

このように、白い嘘も黒い嘘も、三歳頃からつき始めるようになり、年齢とともに嘘をつく割合は増えていく。子どもが嘘をつくのは自然なことなのである。

それでは、どのような経験が子どもの嘘に影響を与えるのだろうか。まず影響力が強いのが、子どもの周囲の大人の振る舞いである。これに関する研究を紹介しよう。

この研究では、周囲の大人が嘘をつく様子を子どもが見た場合の影響を検討した[＊3]。具体的には、子どもが実験者A、Bと少し話をした後に、実験者Bが部屋から出ていく。そして、実験者Aが実験者Bのコップを誤って割ってしまう。その後、実験者Bが部屋に戻ってきたときに四つの条件が設定された。

①実験者Aがコップを割ったことを詫びて、実験者Bが許す
②実験者Aがコップを割ったことを詫びて、実験者Bが許さない
③実験者Aがコップを割ったことをごまかして(嘘をついて)、実験者Bがそれを受け入れる
④実験者Aがコップを割ったことをごまかして(嘘をついて)、実験者Bが許さない

この四つの条件の後に、五～八歳の子どもが覗き見実験に参加し、嘘をつくかどうかが調

べられた。とくに、実験者Aがコップを割らない統制条件と比較して、この四つの条件で子どもが嘘をつく割合がどの程度増えたり減ったりするかが検討された。

その結果、統制条件と比べて、条件①と条件④において、子どもが嘘をつく割合が低くなることが示された。条件②と条件③では、統制条件と変わらなかった。つまり、大人の様子を見て全体的に嘘をつく割合が増えるわけではなく、いくつかの条件では嘘をつく割合が減少した。

条件①は、実験者Aが悪いことをしたときに、しっかりとそれを認めて謝罪し、実験者Bが許した場合である。ここで重要なのは、条件②のように、実験者Aが自分の過ちを認めても、実験者Bが許さない場合は、子どもは依然として嘘をつくということだ。子どもが嘘をつきにくくなるには、実験者Bがしっかりと許容しなければならない。一方、条件④のように、実験者Aが嘘をついた場合には、それを許容しない態度を示すことも重要である。

少し一般化すると、政治家や芸能人が何らかの不正を働いたときに、社会のほうもそれを叩くだけではなく、不正を認めて謝罪した場合は許容する態度が必要だということだ。一方で、嘘をつき続ける場合には、批判することも大切になる。だが現実には、不正を認めた人を叩き続け、嘘をつく人を許容するというように、その逆がなされていることもあるだろう。政治家や芸能人の場合だけではなく、親の振る舞いも同じである。子どもは大人を見ているのだ。

嘘とナッジ

最後に、行動経済学の分野で重要とされている「ナッジ」とかかわる研究を紹介しよう。ナッジとは、人が、強制によってではなく、みずから望ましい行動を選択するよう促すしかけや手法のことをいう。環境にちょっとしたしかけをするだけで、人々の行動が変わるのだ。

ここでは、環境にしかけをすることで、子どもの不正行為が減るという研究を紹介する。嘘研究の世界的な権威であり、筆者の恩師の一人でもある、トロント大学のカン・リーらのグループの研究である[*4]。

この研究では、上記の覗き見実験を少し修正した課題が使われた（図6-3）。二つの机が並べて置かれ、五～六歳の子どもはそのうち一つに座って、ちょっとしたテストに参加した。このテストには、いくつかの簡単な問題と、絶対に答えられない難しい問題が含まれていた。重要なこととして、その難しい問題の答えが隣の机に置いてあった。子どもは、少し

図6-3　子どもはカンニングをするか?

A　フレームなし　　B　フレーム＋フィルム　　C　フレームのみ

首を伸ばせば、その答えを見ることができた。つまり、カンニングができる状況である。

子どもが問題を解いている間に、実験者は部屋を出ていくこと、カンニングをしてはいけないことを告げた。そして、子どもがカンニングをするかどうかが調べられた。

この研究では、子どもがカンニングをしないようにいくつかのしかけが試された。まず、子どものいる机と答えが置いてある机の間に、図6-3の真ん中（条件B）や右（条件C）のように、フレームを置いた。条件Bのフレームは、カンニングをしようとすればできるものの、フィルムが貼ってあるので少し見にくくなっている。条件Cでは、フィルムが貼られておらず、フレームがあるだけである。この二つの条件と、フレームが置かれていない条件Aとを比較して、どれくらいの子どもがカンニングをするかを調べた。

その結果が興味深い。まず、条件Aは、約半数の五〜六歳児がカンニングをした。これが、何もしかけをしない場合に不正行為をする子どもの割合である。条件Bでは、二割以下の子どもしか不正行為をしなかった。こちらは、フレームにフィルムが貼ってあって、覗き見しにくくなるので、不正行為が減るのも理解できる。ところが、条件Cでも三割弱の子どもしかカンニングをしなかったのである。条件Bと比べるとカンニングをした子どもの数は少々多いが、条件Aと比べると著しく少ない。ただフレームを置いただけなのに、子どもの不正行為が減ったのである。

さらに興味深いのは、第4、5章で扱ってきた、子どもの想像力を使った実験だ。この条件Dでは、実験者が、魔法の杖（らしきもの）を使って、「今から魔法をかけるよ。ここに目に見えないフレームを置くからね」と言って、子どものいる机と答えが置いてある机の間に目に見えないフレームを作り、実験者は部屋から出ていった。この条件においても、三割弱の子どもしかカンニングをしなかった。

リーらは、子どもがいる机と答えが置いてある机の間に、フレームという空間的な境界線を導入することでモラル違反が抑制されるというモラルバリア仮説を提唱している。自分がいる場所と、不正行為と関連する場所とを空間的に隔てることで、道徳的行動を環境的に支援することができるというのだ。そして、用いるのは物理的なフレームではなく、想像上のフレームでもよいらしい。子どもの想像力を利用した、非常に興味深い研究といえる。

子どもは嘘をつく存在だ。でも、それは、子どもがしっかりと社会性を発達させている証拠でもある。一方で、置かれた環境次第で、子どもは嘘をつきやすくなることもあれば、あまり嘘をつかなくなることもある。大人は自分自身の行動を省みる必要があるだろう。

第7章

子どもの注意・大人の注意

筆者は、不注意な人間だ。子どもの頃から忘れ物は多いし、そわそわしていて教師から怒られるのもしばしばだった。大人になっても変わらず、zoomミーティングを使い出した頃、大学院生の方とのミーティングをほかの予定と重ねてしまうこともあった（みなさま、すみません）。zoomミーティングにも慣れてきた現在はそうしたことは減ってきたものの、不注意で人に迷惑をかけることも少なくない。

「注意」という言葉は、心理学や神経科学の文脈で用いる場合、日常的な意味合いとは少し異なる。心理学で「注意」とは、視覚や聴覚などの感覚から入ってくる情報の一部を選択し、その情報の処理を促進させる心理的メカニズムのことをいう。有名な例として、「カクテルパーティー効果」が挙げられる。これは、パーティーで多くの人がしゃべっていてざわざわしているなかでも、自分に関係があったり興味があったりする内容であれば、自然に聞き取ることができる現象のことである。パーティーでピンとこなければ、大人数の飲み会の席で、自分のことがどこかで話題になっていると、それが離れたテーブルであっても自分が酒の肴になっていることに気がつく、といったところだろう。自分に関係する内容には注意が向きやすいということだ。

本章では、子どもの注意の特徴について、大人と対比させながら考えてみたい。

不注意盲

先に述べた通り、注意とは感覚に入ってくる情報の一部を選択するプロセスである。これは私たちが生きていくうえで非常に便利で、重要な機能である。

その一方で、何かに注意を向けるということは、別の何かに注意を向けないということでもある。結果として、注意を向けていない対象の処理は抑制される。その代表的な例が「不注意盲」である。

不注意盲とは、読んで字のごとく、自分が注意を向けていないことには気づかないというものだ。不注意盲の存在を世に知らしめたのが「ゴリラ実験」である。これはぜひ、種明かしの前に、YouTube にあがっている動画（https://www.youtube.com/watch?v=vJG698U2Mvo［二〇二三年二月一七日閲覧］）をご覧いただきたい。そして、白いシャツを着ているチームが、バスケットボールを何回パスしたかを数えてみてほしい。この動画をまだ見たことがない人はとくに、まずはこの課題にチャレンジしてみてほしい。

……さて、パスの回数を正しく数えられただろうか。そう、パスの回数は一五回だ。だが、実はそのことはこの実験の本当の目的ではない。重要なのは、パスの回数を数えている間に、あなたがゴリラの姿を見たかどうかということである。「え？」と思ったあなた、もう一度動画を見直してほしい。そう、ボールがパスされている最中に、ゴリラが登場し、胸を叩いているではないか。

初めてこの動画を見たとき、筆者は衝撃を受けた。こんなに立派な（？）ゴリラが堂々と登場しているのに気づかないなんて、と驚いたのである。こういった研究から、私たちが世界をありのままに見てはいないことをうかがい知ることができる。

実際には、初めて動画を見た人でも、ゴリラの存在に気づく人もいる。ゴリラの存在に気づかないのはだいたい半分くらいだといわれている。面白いことに、黒いシャツを着たチームのパスの回数を数えるようにした場合は、ゴリラの存在に気づく割合は著しく増える。黒いシャツを着た人とゴリラが視覚的には類似しているので、黒チームに注意を向けていると、ゴリラにも気づきやすいのであろう。

この研究結果にはいろいろな説明があるが、その一つは、ゴリラという存在がバスケットボールのシーンに合わないというものである。バスケットボールをしている最中にゴリラが現れることは現実世界では起こりそうもないし、起こると困るのはたしかだ。そのため、ゴリラに気づく可能性は低くなるのではないかということである。

不注意盲は、日常的にもよくみられるものだ。たとえば、渋滞のなかを運転しているときにスマートフォンが気になり（運転中にスマートフォンを操作するのは法律違反だが）、前の車にぶつかってしまうということがあるだろう。ぶつからないまでも、ヒヤリとした経験がある人は少なくないと思われる。また、テレビゲームをしているときに、ある対象を探すことに熱中しすぎて、別の脅威（敵など）を見逃してしまい、やられてしまうこともあるだろう。飛行機事故の一部はこういった不注意から起きているという報告もある。

変化盲

もう一つ、大人の注意の特徴として、「変化盲」というものがある。テレビ等でしばしば取り上げられるので、知っている人も多いだろう。

変化盲は、見ているシーンや物体に視覚的に変化が起きても、観察者がそれに気づかないというものである。たとえば、映像がちらつく、一瞬消えるなどの妨害が入ったときに、そのシーンや物体に起こる大きな変化に気づくことができない。こちらもインターネット上でいくつも例を見つけることができるので、ご存じない方は「変化盲（change blindness）」で検索してみてほしい。

変化盲は、現実社会では、目撃証言の分野などで重視される。事故や事件ではしばしば目撃証言の誤りがみられるが、その一部は変化盲で説明されるかもしれない。たとえば、ある研究では、参加者は強盗の場面の映像を見せられ、その映像の半ばで強盗犯の様子が変わっていった［*1］。この研究では二つの条件が用意された。一つは映像の内容について後で質問されると事前に伝えられる意図条件、もう一つはそのように伝えられない偶然条件である。実験の結果、意図条件の参加者は、偶然条件の参加者よりも、強盗犯の変化に気づくことができた。重要なのは、変化に気づくことができた参加者は、後のテストで強盗犯が誰かを当てることができたことである。

通常の目撃証言は、この実験で言うところの偶然条件に近いだろう。目撃者は、強盗犯や事件の情報の変化に気づくことができず、その結果、事件に関連する情報を正しく提供できない可能性があるのである。

子どもは変化に気づきやすい

大人では不注意盲や変化盲がみられるが、子どもではどうだろうか。これらの知見を取り入れた、大人と子どもの成績を比較した実験がある［＊2］。

この実験では、図7－1のような流れで刺激が提示された。参加者はまず、同時に重ねて提示される赤色と緑色の二種類の刺激のうち、一方の刺激に注目するよう指示された。たとえば、赤色の刺激（図7－1では黒の星型）だけに注目するよう指示された。一方の刺激に注意を向けさせたわけである。その後に、モザイク画面を挟み、二つ目の刺激が提示された。そして、最初に出された二種類の刺激のうち、一方に変化が起きたかどうかを検出するように求められた。ここでは、赤色の刺激の形が変わる場合（図7－1はこのパターン）と、緑色の刺激の形が変わる場合、そして、どちらの刺激にも変化がない場合の三つのパターンがあった。

このときに大事なのが、参加者が、注意を向けた刺激の変化と、注意を向けていない刺激の変化のどちらに気づくかという点である。たとえば、最初に赤色の刺激に注意を向けるよう指示された場合に、赤色の刺激の形が変わることに気づくことができるかと、緑色の刺激

図7-1　刺激の変化を検出する実験（文献2）

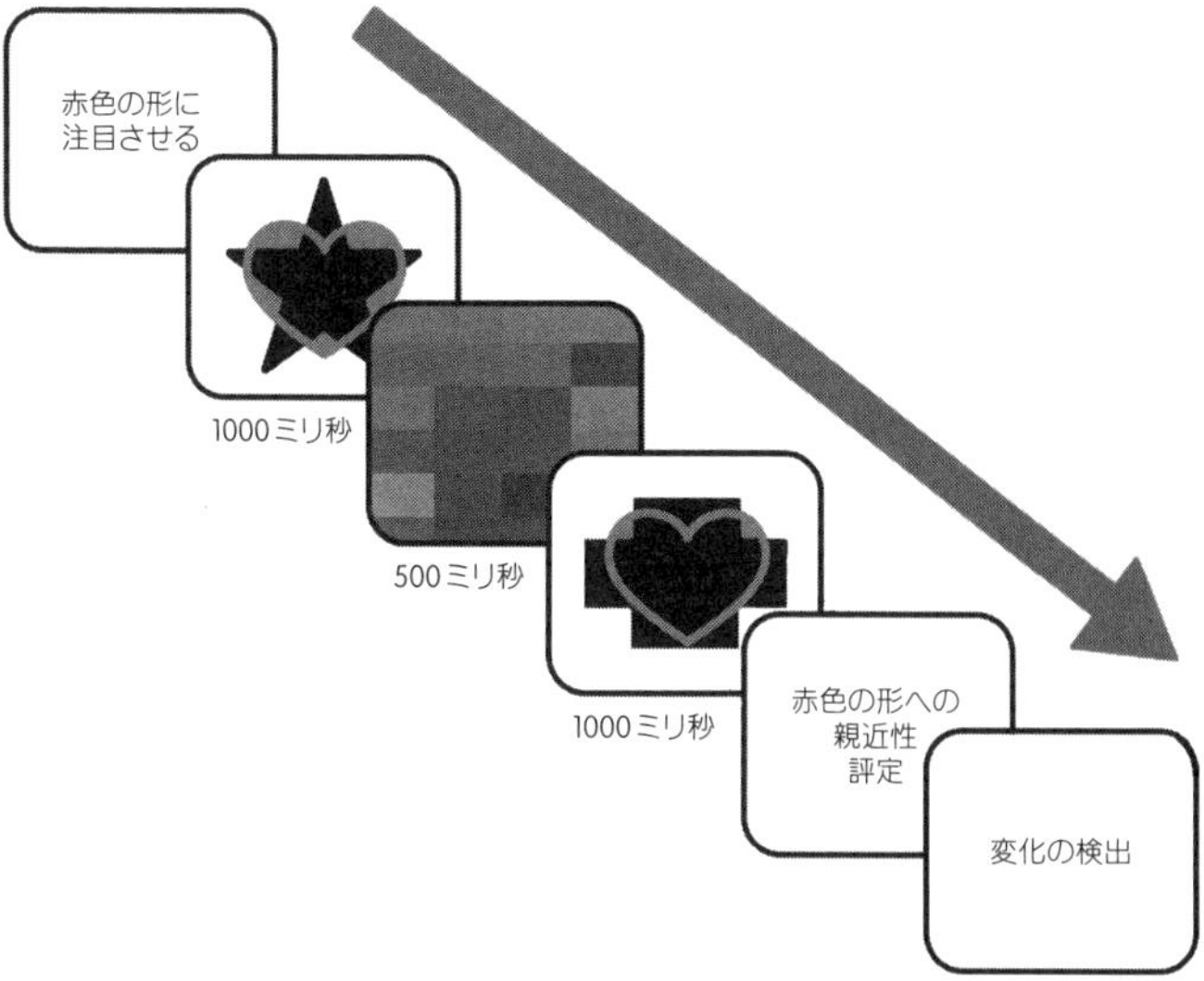

の形が変わることに気づくことができるかを別々に分析したのである。前者を「注意刺激の変化」、後者を「不注意刺激の変化」と呼ぶことにしよう。

これくらいの課題は簡単だろうと思われるかもしれない。ところが、非常に興味深い結果が得られているのだ。

まず、大人の参加者について見てみよう。大人の参加者は、注意刺激の変化には九五％正しく答えることができた。つまり、「赤色に注意を向けなさい」と言われた場合、赤色の刺激の変化にほぼ気づくことができたのである。ちょっとしたミスもあるだろうから、一〇〇％にならないのは仕方がない。ところが、不注意刺激の変化に気づくことができたのは六割程度であった。「赤色に注意を向けなさい」と言われた場合に、緑色の刺激の変化には半分強しか気づけなかったということだ。

ここで、四～五歳児の結果が非常に興味深い。四～五歳児の場合、まず注意刺激のほうでは正答率は八五％程度であった。かなり高いが、大人に比べるとやや劣るといったところである。一方、不注意刺激のほうは七五％程度で、大人よりも正答率が高かったのである。つまり、子どもは、赤色の刺激に注目しているとき、緑色の刺激の変化に、大人より気づくことができたということである。同じようなシーンを見ていても、子どもと大人では異なった変化に気づくことができるのだろう。

内因性の注意と外因性の注意

なぜ大人と子どもでこのような違いが出たのであろうか。これは、両者の注意のあり方が異なることに起因すると考えられる。ここでは、「内因性の注意」と「外因性の注意」という視点から考えてみたい。

内因性の注意は「トップダウンの注意」ともいわれるが、選ぶべき対象について事前知識をもっている場合に、参加者自身が主体的に、目的とする対象を選択することを指す。さまざまな刺激が混在していて、自分が探している、目標となる刺激が目立たない状況であっても、目標の位置や刺激特徴に注意を向けることによって、その対象を検出することだといえる。上記の実験でいえば、赤色に注意を向けるよう指示されている場合に、赤色に注意を向け続けることがこれにあたる。

もう一つが外因性の注意で、こちらは「ボトムアップの注意」とも呼ばれるが、外的な対象によって注意が惹きつけられることを指す。さまざまな刺激があるなかで、そのうち一つの刺激が周囲の刺激と顕著に異なる場合（たとえば、赤色の刺激が複数あるなかで、一つだけ緑色の刺激がある場合）や、視覚刺激が突然出現した場合などにおいて、その刺激に対して注意が受動的に惹きつけられるというものである。上記の実験でいえば、赤色に注意を向けるよう指示されているが、変化したのが緑色の刺激である場合、その変化が顕著であったためそれに気づくことである。

日常的には、どちらの注意も重要な役割を担っている。内因性の注意しか機能していなければ、環境内に起こった大きな変化に気づかない可能性がある。たとえば、前を向いて歩いていて、横から大きな音を立てて車が突っ込んできたときに、気づくのが遅れてしまうかもしれない。一方で、外因性の注意しか機能していなければ、さまざまな刺激に目を奪われてしまい、物事に集中するのが難しいだろう。この原稿を書きながら時折メールチェックをし、かつ、slackのチャンネルを覗いてしまい執筆が遅々として進まない筆者は、外因性の注意が支配的なのかもしれないが。

もちろん、内因性の注意と外因性の注意はどちらも機能しているわけだが、どちらがより支配的であるかが、大人と子どもで異なる可能性があるのだ。つまり、大人では内因性の注意が相対的に強いので、「赤色に目を向けなさい」と言われた場合には赤色に集中することができる。そのため、赤色の変化には正しく反応できるが、注意を向けていない緑色の変化には気づきにくい。一方で、子どもでは、外因性の注意が相対的に強いと考えられる。「赤色に目を向けなさい」と言われたら赤色に集中することは一応できるが、完全に集中し切れないので、ときには赤色の変化を見逃してしまう。ところが、赤色に集中し切れていない反面、緑色の顕著な変化には気づくことができる。大人と子どもの違いはこのように説明される。

外因性の注意がもつ意味

事実、内因性の注意には、高次な認知的制御にかかわる前頭前野や頭頂葉などの脳領域が関連していることが示されている。そして、これらの脳領域は、幼児期には十分に発達し切っていない。これらの領域は、幼児期から児童期、青年期に長い時間をかけて発達していくことが知られている。大人ではこれらの脳領域は十分に発達しているので、内因性の注意が支配的になると考えられる。

それでは、子どもにとって外因性の注意が支配的であることは、どういう意味をもつのだろうか。この点に関しては推測になってしまうが、外因性の注意が支配的であるということは、自分の身の回りにあるさまざまなものに注意が向けられるということである。親の立場からすれば、駅に向かう途中に、いちいちそこらへんに落ちている石に反応したり、花に反応したり虫に反応したり、もしくは買い物の途中で、お菓子を見て立ち止まり、新しい商品を見て立ち止まり……とする子どもの姿にいらだつこともあるかもしれない。しかしながら、当の子どもにとっては、これらはすべて新しいことを学ぶ機会になっている。子どもはこうした行動を通して石の性質を知ったり、花の種類を覚えたり、虫の生態に触れたりしているのである。

そういう意味において、外因性の注意が支配的であるということは、子どもにとって非常に適応的なのである。しかし、学校教育を本格的に受け始める学童期になると、授業に集中したり、席に着き続けたりする必要が出てくる。そういうときには、やはり内因性の注意も必要になってくるのであろう。

第8章

子どもは人間と犬を平等に扱う

一九九八年にアカデミー賞を総なめにした『タイタニック』(ジェームズ・キャメロン監督)という映画がある。一九一二年に実際に起きた豪華客船タイタニック号の沈没事故をモチーフとして、レオナルド・ディカプリオ演じる画家を志す若者ジャック・ドーソンと、ケイト・ウィンスレット演じるローズ・デウィット・ブケイターとの恋愛を描く物語であった。船首に手を広げてローズが立ち、ジャックが後ろから支えるシーンは印象的だった。当時高校生だった筆者にはいまいちピンとこない内容だったが、セリーヌ・ディオンの主題歌は今でも覚えている。

この映画のクライマックスは、タイタニック号が氷山と衝突し、船が沈みゆくシーンだ。海に投げ出された二人の前に比較的大きな木片があり、その上に乗ることができるのは一人。ジャックはローズを乗せ、自分は木片につかまりながら冷たい海中に浸る。やがてジャックは力尽き、命を失ってしまう。

自分を犠牲にして他者を救うというシーンだが、このような状況で、ある人を助けるか、それとも別の人を助けるかという選択を迫られたら、みなさんはどのような選択をするだろう。さらに、人間と動物がいて、人間と動物のどちらかだけを助けなければならないという状況だったら、どちらを助けるだろう。本章では、このような状況での選択に、大人と子どもで違いがあるという研究について紹介したい。

モラルジレンマ

このような問題は、心理学の世界では「モラルジレンマ」と呼ばれる。これは、道徳的な二つの選択肢が提示された際に、どちらの選択肢も明確に受け入れられるものではないなかで、意思決定を求められるというものである。古典的な例としては、アメリカの心理学者ローレンス・コールバーグが提唱した、道徳性の発達理論のなかで使われるものがある。たとえば、以下のようなストーリーだ。

一人の女性が、がんのために死に瀕していました。彼女を助けられるとすれば、ある薬を使った場合だけです。ある薬剤師がその薬を開発したのですが、彼はその薬に、開発費用の一〇倍もの値段をつけました。がんに苦しんでいる女性の夫は一〇〇〇ドルしかお金を準備できなかったのですが、薬剤師は二〇〇〇ドルを要求しました。夫は薬剤師に薬をもっと安く売ってほしい、あるいは後払いにしてほしいと頼んだのですが、薬剤師は受け入れてくれませんでした。失望した夫は、妻の命を助けるために、薬剤師の店に押し入ってその薬を盗んだのでした。

夫はどうすべきだったのでしょうか？　彼の行動は正しかったのでしょうか？　それとも間違っていたのでしょうか？

この問題に対する回答で、子どもの道徳性の発達が検討される。子どもの回答は大きくは三つ、細かく見るとさらに細分化されるが、たとえば幼い子どもは「盗むのは悪い」と結果のみで判断する。成長してルールや慣習を理解するようになると、法やルールに基づいて判断するようになる。そして最終的には、法律だけではなく、さまざまな視点から判断することができるようになる。

コールバーグの理論は、その考えが男性的であるなどさまざまな批判があるものの、道徳性の発達を語るうえでは欠かせない考え方である。

トロッコ問題

このモラルジレンマは「トロッコ問題」という形で、進化心理学や神経科学の分野で注目を集めるようになった。トロッコ問題とは以下のようなものだ。

線路を走っていたトロッコが暴走し始めてしまいました。線路の先では五人の作業員が作業をしており、このままだとトロッコにひき殺されてしまいます。偶然、ミスターXが線路の分岐器の前に立っていて、この分岐器のレバーを引けば、五人は助かります。ですが、もう一つの線路の先にも一人の作業員がおり、レバーを引くとその人がひき殺されてしまいます。このとき、ミスターXはレバーを引くべきでしょうか。

この問題では、レバーを引くことによって、五人を助けるために一人を犠牲にするかどうかの意思決定が求められる。何もしなければ五人が犠牲になるが、レバーを引けば一人が犠牲になる。

この問題には異なるバージョンもある。もう一つのバージョンは、ミスターXの隣にいるミスターYを犠牲にする、というものである。トロッコが暴走している状況で、線路の上にある橋にミスターXとミスターYが立っている。このままでは作業員五人がひき殺されてしまうが、ミスターYを突き落とせば、ミスターYは死んでしまうが五人は助かる、という設定である。

これらの問題を与えると、レバーを引く一つ目の問題では、多くの参加者がレバーを引くことを許容する。それに対して二つ目の問題では、多くの参加者がミスターYを突き落とすことを許容しないという結果が得られる。二つ目の問題ではミスターXの行動そのものがミスターYを殺してしまうので、許容されないと答える割合が増えると考えられる。

個人的には、二つ目のバージョンはあまりに非現実的だと思うが、ともかく、このトロッコ問題は人間が倫理的な判断をする際の心理・脳メカニズムを調べるために広く使われている。

優先的に救われるのは？

トロッコ問題は、一人の人間の命と五人の人間の命のどちらを優先するのか、というものである。言い換えると、命の数を比較したものだと思われる。

それでは、同じ一つの命でも、優先される命はあるのだろうか。このような問題を検討した研究がある［＊1］。

トロッコ問題の現代版ともいえる研究である。自動走行する車が、そのまま進めば人をはねる事故を起こすし（選択肢A）、それを避けようと車線を変更しても人をはねる事故が起きる（選択肢B）という状況だ。この研究は世界中でなされ、大量のデータを多様な文化的背景の参加者から取得しているが、ここでは詳細は省き、どのような人間が優先的に救われるかという点に絞りたい。

この研究では、事故にあう人がさまざまに設定された。たとえば、選択肢Aを選べば女性が事故にあい、選択肢Bでは男性が事故にあうという状況で、参加者がどちらの命を優先するかが調べられたのである。これ以外にも、子どもと大人ではどうか、高齢者と若い人ではどうか、人間とペットではどうか、などが調べられた。研究はオンラインでなされており、対象は大人である。

その結果が興味深い。たとえば、女性と男性の比較では、女性のほうがいくぶん優先された。社会的な地位が高い人は、そうでない人よりも優先された。信号を守っている人は、信号無視をしている人よりも優先された。年齢も重要で、若い人は高齢者よりも優先された。

このような結果からは、社会的地位や年齢により、命が必ずしも平等に扱われないことがうかがい知れる。

この実験でとくに回答の差が大きかったのが、人数と種にかかわる設定である。人数については、たとえば一人よりも三人を優先するなど、トロッコ問題を使った研究でこれまでも示されてきたのと同様の結果である。そして、種については、大人の参加者は、犬などのペットよりも人間の命を優先した。ペットが事故にあうよりも、人間が事故にあうことを避ける選択をするのだ。直感的には当たり前のように思える選択である。

なぜ人間を優先するのか？

大人はなぜ犬よりも人間を優先するのだろうか。いくつかの可能性が指摘されている。

一つは、人間は犬よりも賢いから、というものである。賢い高等な生物は、そうでない生物よりも優先されるべきだという考えだ。これと関連するもう一つの可能性として、人間は痛みや恐れなどの感情的な体験をするということもある。人間は、事故にあえば当然ケガをするわけだから、痛みを感じる。また、トロッコや車が自分に向かってくれば、大きな恐怖を感じるだろう。実際には、比較認知科学などの動物研究からは、犬などのペットにも知性はあるし、痛みを感じることも示されている。ただ、人間だけが痛みや恐れを感じるという大人の思い込みが、選択に影響するのではないかと考えられる。

また、同じ種であるから、という説明もある。人間が人間を優先するのは、何より、同じ人間という種だからだということである。人間には、自分と同じ集団に属する人をひいきする内集団びいきの傾向がある。たとえば、同じ学校出身の人や同じ地域出身の人に、それ以外の人よりも親しみを感じるのは日常的にもよくあることだ。そうしたことから、同じ集団に属する存在である人間を優先するのかもしれない。

子どもはどの生物を優先するか?

大人は動物よりも人間の命を優先する。理由は何であれ、それは当然のことのように思える。ところが、最新の研究から、子どもが犬と人間を平等に扱うことが示されている[*2]。

実験は、冒頭のタイタニック号のような設定である。二つのボートが沈んでいて、どちらを助けるかというものだ(図8-1)。ボートに乗っているものは誰も泳げないという状況で、どちらかを助けなければならない。どうしても選択ができない場合は、「決められない」という選択も許容された。

ここで、ボートに乗っている存在が重要となる。選ばれたのは、人間、犬、豚だ。なぜ豚が選ばれたかというと、豚は食肉用の動物であり、かつ、知的レベルが犬よりも低いだろうということで、犬ほど優先されないのではないかとの考えからである。

加えて、各生物の数もさまざまに設定された。具体的には、人間一人と動物一匹、人間一人と動物二匹、人間一人と動物一〇匹、人間一人と動物一〇〇匹、人間二人と動物一匹、人間一〇人と動物一匹、人間一〇〇人と動物一匹の組み合わせが提示された。たとえば、片方のボートには人間が一人、も

図8-1　ボートに乗っているどの生物を助けるか?

う片方には犬が一〇匹乗っていて、どちらを助けるかを尋ねるのである。ボートに動物が一〇〇匹も乗れるのかという疑問もあるが、ともかくこのような課題が出された。対象は、五～九歳の子どもと大人であった。

その結果、大人はやはり人間を優先した。たとえば、人間一人と犬一匹の場合、八割が人間を選び、人間一人と豚一匹の場合、九割程度が人間を選んだ。ただ、人間一人と犬一〇〇匹の場合、人間を優先させた大人が六割程度まで減るところは興味深い。

一方、子どもでは、人間と犬の場合には、どちらを優先させるかが拮抗した。たとえば、人間一人と犬一匹の場合、人間を選んだ子どもは三割、犬を選んだ子どもも三割、残りの子どもは「決められない」と判断した。人間一人と犬一〇〇匹の場合、人間を選んだ子どもは二割弱で、七割の子どもが犬を優先した。犬は子どもにとって大事な存在のようだ。

人間と豚の場合、子どもはいくぶん人間を優先した。人間一人と豚一匹の場合、人間を選んだ子どもは五割、豚を選んだ子どもは二割弱、残りの子どもは「決められない」と判断した。

子どもの全体的な判断傾向を調べるために、すべての選択を含めた得点を算出した。分析の詳細は省くが、どの生物を助けたかだけではなく、その生物の数を考慮した。たとえば、人間一人と動物一匹のペアで人間を助ける場合と、人間一人と動物一〇匹のペアで人間を助ける場合では、後者のほうがより人間を優先したことになるだろう。

この分析の結果、子どもは、人間と犬をほぼ平等に扱っていること、人間と豚の場合は人間を優先することが示された。大人は、どちらの場合も、人間を優先した。また、子どもと大人を比較すると、全体的に大人のほうが人間を優先する傾向が強いことも示されている。

次に、子どもと大人の年齢が、人間を優先する傾向に影響を与えるかが検討された。その結果、子どもでは年齢の効果がみられなかったのに対して、大人では年齢の効果がみられた。大人では、加齢とともに、人間を優先する傾向が強まったのである。この論文の著者らは、動物福祉は新しい考え方なので、高齢者にはそういう発想がなく、人間を優先するのではないかと示唆している。

一方、子どもで年齢の影響がなかった点は意外である。幼児期から児童期にかけては人間も動物も平等に扱うのだから、人間を優先する傾向が強まるのは青年期からかもしれない。論文の著者らは、この研究が行われた先進国都市部の子どもでは、動物はポジティブな存在として擬人化されていて、食肉加工に直接ふれることもないので、動物に対する親しみが強いのではないかと考察している。たしかに日本でも、「すみっコぐらし」や「リラックマ」などのキャラクター、「あつまれ どうぶつの森」などのゲームが人気を博しているように、動物はポジティブな存在である。

最後に、この研究では、子どもや大人が人間を優先する傾向が、人間を賢い存在だと考える傾向や感情をもつ存在だと考える傾向に影響されるかを検討した。具体的には、人間、犬、豚が知性をもつと思うか、また、痛みやネガティブな感情を感じると思うかを尋ねた。その結果、子どもも大人も、知性についても感情についても、人間が一番で、その次が犬、最後に豚という傾向となった。つまり、子どもと大人の違いは、知性や感情によって説明されないことを示している。ということは、人間を助ける傾向は、やはり同じ種であることに起因するのかもしれない。このような傾向が青年期に強まるということなのだろうか。

いずれにしても、子どもと大人の判断が違うことは興味深い。子どもにとって、犬は道徳的に人間と同等の存在なのである。

第9章

マシュマロテストと子どもの環境

前章まで、創造性や「空想の友だち」などをテーマに子どもと大人の違いに焦点を当てつつ、その違いは子どもが未熟であることを必ずしも意味せず、子どもが置かれた環境に適応している結果であるということを説明してきた。

この流れで本章では、心理学で最も有名な実験の一つである「マシュマロテスト」（図9-1）について考えてみたいと思う。これまで、マシュマロテストでは成績がよいことが望ましいとされてきたが、一概にそうとはいえないのではないか、という話である。

図9-1　マシュマロテスト

マシュマロテストとは

ご存じの方も多いと思うが、あらためてマシュマロテストについて説明しよう。

このテストは、アメリカの心理学者ウォルター・ミシェル博士によって開発されたもので、非常に単純でかつ日常的でありながら、そのインパクトの大きさから世界中に知れわたっている。

マシュマロテストは幼児を対象にしており、以下のような流れで進む。まず、実験者が子どもと少し遊ぶ。その後、「用事があって少し部屋から出るが、何かあったらベルを鳴らして自分を呼ぶように」と子どもに告げる。そして、子どもの目の前にマシュマロを置いて、二つの選択肢を提示する。一つは、実験者が部屋に戻ってくるまで待つことができれば、マシュマロを二個食べてよいという選択肢。もう一つは、実験者が部屋に戻るまで待てなければ、ベルを使って実験者を呼び、マシュマロを一個食べてよいという選択肢である。

このテストでは、実験者が戻ってくるまで一〇分程度を要する。子どもは、目の前にあるマシュマロを食べたいという気持ちをコントロールして、一〇分程度待ち続けなければならないのである。

ちなみに、「マシュマロってそんなに魅力的なのか？」と読者の方は思われるかもしれない。筆者も疑問に思ってアメリカの研究者に何度か聞いてみたが、そのたびに「え、マシュマロに魅力感じないの？」というような反応をされた。そういうものらしい。

このテストでは、子どもが成長するにつれて待てる時間が長くなる。二歳児はほぼ待てないが、三歳、四歳、五歳と、待つことができる時間は長くなっていく。

興味深いのは、大きな個人差がある点だ。同じ五歳児でも、目の前のマシュマロをすぐ食べてしまう子どももいれば、五分間待てる子どももいるし、最後まで待てる子どももいる。さまざまだ。

マシュマロテストと子どもの将来

さて、大事なのはここからだ。

子どものときのマシュマロテストの成績が、その子どもの将来のさまざまな指標と関連することがいくつかの研究で報告された。以下で紹介する内容は、通俗的なビジネス書や教育評論家の本などにも載っているので、聞いたことがある方も多いだろう。

たとえばある研究では、幼児期のマシュマロテストの成績が、青年期に差しかかったときの学力や友だちとの関係、問題が起きたときの対処能力などと関係するかが調べられた。すなわち、学校適応の度合いが調べられたということになるだろう。青年期には、学力はもちろんのこと、友人関係なども極めて重要になるので、こういった点が調べられたのである。

その結果、幼児期にマシュマロテストで長く待つことができた子どもは青年期において、待てなかった子どもよりも、学校により適応していることが示された。つまり、マシュマロテストで長く待つことができると、青年期の学力が高い傾向にあり、友だちとも上手に付き合うことができ、友人関係や家庭で何らかの問題が起きたときにうまく対処することができたのである。

マシュマロテストは、青年期だけではなく、大人になってからのさまざまな指標とも関係しているという研究もある。わかりやすい例としては、肥満との関連が報告されている。その研究によれば、幼児期にマシュマロテストで長く待つことができた子どもは、そうではない子どもと比べて、三〇年後に肥満になりにくいようだ。具体的には、幼児期にマシュマロテストで一分待つ時間が長いと、肥満度の指標であるＢＭＩ（Body Mass Index）の三〇年後の値が〇・二低くなるという。ということは、マシュマロテストですぐに目の前のマシュマロを食べてしまう子どもと一〇分間待つことができる子どもでは、大人になったときの

BMIが二も違うということである。

学力や友人関係だけではなく、大人になってからの健康状態まで予測してしまう。そういったことで、マシュマロテストは有名になったわけである。

マシュマロテストをめぐる議論

マシュマロテストに関する研究は心理学のなかでも非常に意義があるものとして評価されてきた。しかし近年、果たしてその結果は信頼できるのかという点が論争になっている。心理学では、二〇一五年の教科書に載るような有名な研究が別の研究者によって再現できないという「再現性の危機」が問題となり、現在も学問の根幹にかかわるような事態に陥っている。マシュマロテストもその標的になったのである。

二〇一八年に出た論文では、過去の研究で報告された幼児期のマシュマロテストの成績と青年期の学力や問題行動との関連が再現できるかを調べている[*1]。具体的には、もとの研究と同じ年齢の子どもを対象にマシュマロテストを実施し、その子どもたちを青年期まで追跡して、もとの研究と同じような結果になるかを検討したのである。

その結果、もとの研究ほどマシュマロテストの影響は強くないものの、子ども時代のマシュマロテストの結果と青年期の行動との間に関連が認められた。この意味で、マシュマロテストの研究結果は再現できたのである。決してもとの研究が怪しいというわけではない。

ただ、二〇一八年の研究では、マシュマロテスト以外の指標も調べた点に意義があった。青年期の学力や問題行動は、子どものときの知的能力や社会階層からも影響を受けることが知られている。当然といえば当然だが、子どものときに知的能力が高かったり、あるいは家庭が裕福だったり親が高学歴だったりすると、その子どもが青年期になったときの学力が高いことは多いわけだ。つまり、子どものときのマシュマロテストの成績が大事なのか、それとも、子どものときの知的能力や社会階層が大事なのか、わからないのである。これは統計的な分析として非常に重要な点である。

二〇一八年の研究では、子どもの知的能力と社会階層についても調べた結果、子どものときの知的能力や社会階層の影響を統計的に除外すると、マシュマロテストの結果が青年期の学力や問題行動に与える影響は極めて小さいことが示された。つまり、子どものときのマシュマロテストの成績と青年期の学力や問題行動とが関連するという研究結果自体は再現されたものの、もとの研究で考慮していなかった要因を含めると、マシュマロテストの成績はあまり重要ではないという結果になったのである。

ところが今度は、この二〇一八年の研究に対して疑問が投げかけられたのである。二〇二〇年に発表された研究では、二〇一八年の研究で使われたデータとまったく同じデータを使って、別の結論に到達したのである[*2]。「同じデータを使うってどういうこと?」と思われるかもしれないが、これらの研究で使われているデータは、アメリカで実施されている大規模研究のもので、そういったデータはさまざまな研究者に提供される。異なった研究者が同じデータを分析しても、その分析方法によっては結論が異なる場合があるのだ。

詳細は省くが、二〇二〇年の研究では、一番最初の研究と同じ結論に到達している。つまり、マシュマロテストの成績はやはり青年期の学力や問題行動と関連するということになる。分析方法によって結論が変わるので、どちらがより妥当なのか、評価は難しいところだが、これらの研究を考え合わせると、マシュマロテストの成績が青年期の行動にまったく影響しないわけではなさそうだ。

マシュマロテストで調べていること

ここまで、子どものときのマシュマロテストの成績と、その子どもの将来との関係について比較的くわしく紹介してきた。ここからが本題である。

上記のように、マシュマロテストの結果が子どもの将来にとって重要かどうかは評価が難しいところだが、ここではある程度重要だという立場で話を進めていく。

肝心なのは、マシュマロテストが子どもの将来に影響を与えるとしても、それはなぜなのかという点である。言い換えると、マシュマロテストは子どものどの能力を調べているのか、という問題である。

従来は、マシュマロテストは、「満足の遅延」に関するテストだと考えられてきた。満足の遅延とは、読んで字のごとく、満足することを遅らせることである。マシュマロを食べたいという欲求があり、マシュマロを食べることで満足する。その満足をどれだけ遅らせることができるかを調べるテストということだ。行動経済学の「価値割引」などともかかわる概念である。

満足の遅延は、実行機能の一部だと考えられるようになってきた。実行機能については拙著『自分をコントロールする力―非認知スキルの心理学［＊3］』をお読みいただきたいが、目標に向かって行動をコントロールする力のことを指す。たとえば、仕事を終わらせるという目的のために友人の誘いを断ったり、テストでよい点を取るという目的のためにゲームを我慢したりするなど、目標のために欲求を制御することが実行機能の大事な役割である。

実行機能は、これまでは作業記憶や頭の切り替えなど、どちらかというと認知的な側面が主に検討されてきた。しかし最近では、満足の遅延のような、感情が関係する側面も実行機能に含まれると考えられるようになっている。マシュマロテストに関していえば、二つのマシュマロを得るという目的のために、目の前にある一つのマシュマロに対する欲求を制御する力ということになる。この考えに従えば、マシュマロテストで成績がよい子どもは、目標に向かって欲求を制御することができるので、青年期になったときの学力や問題行動、大人になってからのBMIでよい結果を示すということだ。

たしかに、誘惑に負けなければ学力は高くなるだろうし、我慢もできるから友人関係のトラブルや問題行動も少ないだろう。ビールや甘いものを我慢できれば、BMIの値も良好に違いない。納得のいく説明のように思える。

マシュマロテストが満足の遅延や実行機能を測っているということ自体は、現在でも間違っていないと考えられている。ただ、マシュマロテストは、別の側面も調べているのではないか。最近、そのような報告がなされているのである。

マシュマロテストと他者への信頼

マシュマロテストは、子どもと初対面の実験者が実施する。子どもは実験者とその日初めて顔を合わせるので、実験者がどういう人なのかわからない。この人は本当に信頼できる人なのか、それとも信頼できない人なのか。その判断がつかないのである。

テストの冒頭、子どもは実験者が戻ってくるまで待っていたらマシュマロを二つもらえると言われるのだが、この言葉を信じていいものか。本当に戻ってくるかどうかわからないし、本当にマシュマロを二つくれるかどうかもわからない。もしかしたら目の前にあるマシュマロを没収されるかもしれない。子どもはいろいろと考えるだろう。

言われた通りにしても二つのマシュマロを得られるかどうかわからないのであれば、目の前のマシュマロを食べてしまう。それは決して間違った選択とはいえないだろう。

実際、子どもがそのように考えていることを示唆する研究が最近報告された［＊4］。この研究では、子ども、実験補助者、実験者が参加する。まず、子どもと実験補助者が一緒に絵を描いて遊んだ後、実験補助者が部屋を出ていく。そして、最初からずっと部屋にいた実験者が実験補助者の作品を壊してしまう。

この実験では、二つの条件が設けられた。一つは、「誠実な実験者条件」である。実験者が作品を壊したのはあくまでアクシデントであり、意図的に壊したわけではない様子を示す。実験補助者が部屋に戻ってきたときに、実験者は自分が壊してしまったことを告げ、謝罪する。子どもは実験者を誠実で信頼のできる人と考えるだろう。

もう一つの条件は、「不誠実な実験者条件」である。実験者は故意に実験補助者の作品を壊す。そして、実験補助者が部屋に戻ってきたときに、自分は作品を壊していないと嘘をつく。実験者は嘘つきの信頼できない人ということになるだろう。

これらの場面の後に、実験者がマシュマロテストを実施した。誠実で信頼できそうな実験者と、不誠実で信頼できない実験者が、それぞれマシュマロテストを実施するのである。

その結果、誠実な実験者条件の子どもは、不誠実な実験者条件の子どもよりも、二つのマシュマロを得るために、より長く待つことができたのである。

誠実な実験者条件では、子どもは実験者を信頼しているので、我慢して待てばマシュマロを二つもらえることが予見できる。そのため、頑張って待つ。一方、不誠実な実験者条件では、子どもは実験者を信頼できないので、待っても仕方がないと考えたのかもしれない。

この結果から、マシュマロテストでは、実行機能に加えて、他者をどれだけ信頼しているかが重要であることが示された。

マシュマロを待てるほうがいい？

この結果は、子どもを取り巻く社会的環境が、マシュマロテストで子どもがどのくらい長く待てるかに影響を与えることを示している。

たとえば、親子関係が悪く、子どもが親を信頼できない場合には、マシュマロテストで待つことはできないだろう。二つのマシュマロを得ようとして、結果的にその我慢が報われないことが続けば、目の前にあるマシュマロを得たほうがいい。この場合、子どもの能力が低いのではなく、子どもなりに自分の置かれた環境に適応しようとしているだけなのかもしれない。つまり、「マシュマロテストの成績がよい＝望ましい」とは一概にいえないのである。

マシュマロテストをめぐる議論は現在も進行中である。今後、また異なった考えが出てくるかもしれない。このような多様で興味深い議論を生むのだから、やはりマシュマロテストは偉大である。

第10章

子どもの色知覚

本書ではこれまで、どちらかというと高次で複雑な行動を取り上げてきた。前章で紹介したマシュマロテストは、そもそも何を調べているのかが問題になったし、その前に紹介したモラルジレンマも、犬など生物についての知識、道徳性に関する知識、またそれらに基づいた判断や意思決定など、さまざまな要素を含んでいた。

本章では、もう少し基礎的な知覚に関する研究を紹介したい。とくに、色の知覚についての研究だ。

色とは不思議なものだ。物体が反射している光が私たちの目から脳に届くと初めて色という感覚が生じる、と聞いたとき、信じられなかったのを思い出す。心理学者として研究をしている今でも、ときどき不思議に思う。

私たち人間の網膜には、光への感受性が異なる三種類の視細胞があり、網膜が受け取った情報が脳に伝えられることで、色を感じることができる。色弱といわれる方々では、いくつかの種類の視細胞が機能していない場合があり、世界の見え方は異なるようである。とくに多いのが、緑と赤の区別がつかないタイプの色弱である。

ヒト以外の動物ではどうだろうか。霊長類にはヒトと同じ色の見え方をする動物もいるが、それぞれの種で色の見え方はまちまちであり、世界の捉え方はまったく異なることがうかがえる。

では、ヒトの乳児や子どもの色の見え方はどのようなものだろうか。この章ではその点について考えてみたい。

色知覚の発達

色知覚の基本は、生後一年以内にできあがる。色の区別は生後二ヵ月頃にできるようになるものの、青色が見えるようになるのは生後四ヵ月頃であることが知られている。これは、青色に関する視細胞の発達が、ほかの色の視細胞と比べてゆっくりであるためだと考えられる。

色の好みは、選好注視法と呼ばれる、二つの色を同時に提示し、乳児がどちらを見るかを調べる方法で検討される。より長く見たほうの色を乳児が好んでいると考えるのだ。研究によって結果は微妙に異なるが、概ね乳児は赤色や紫色を好んで見ることがわかっている。茶色はあまり好まれないようだ。茶色や灰色は、色の名前が覚えられるのも遅い。大人になって茶色や灰色の洋服ばかり買うようになったのに、自分の子どもが好まないとなると残念なことだ。

最近は研究者が監修する乳児向けの絵本が相次いで出版されているが、その際に、このような色知覚に関する知見はよく使われているようである。赤を基調に、コントラストがはっきりした色を使うといったものである。

色の好みは月齢とともに変化し、色の感度は生後五ヵ月で大人並みになることが知られている。この頃には物体と背景とを比較して色を知覚することもできるようになる。

色のカテゴリカル知覚

次に、色知覚の領域における興味深いテーマである、色のカテゴリカル知覚について見ていきたい。

私たちは、連続的に変化する色を、赤、青、黄……といったいくつかのカテゴリーに分けて認識している。ただし、それぞれのカテゴリーに含まれる色は一様ではない。たとえば、赤という色のカテゴリーのなかには、青っぽい赤もあれば、黄色っぽい赤もある。

そして、興味深いことに、異なるカテゴリーに属する二つの色の違いよりも、同じカテゴリーに属する二つの色の違いのほうが、より小さく認識される。

たとえば、青カテゴリー内の二色、青Aと青Bがあり、隣接する緑カテゴリー内の二色、緑Aと緑Bがあるとする。そして、青A、青B、緑A、緑Bの四つの色の物理的な性質の距離が等しいとする。つまり、物理的には、〈青Aと青Bの距離〉＝〈青Aと緑Aの距離〉＝〈緑Aと緑Bの距離〉だが、被験者に尋ねると、主観的には、〈青Aと緑Aの距離〉＞〈青Aと青Bの距離〉、〈緑Aと緑Bの距離〉となる（図10－1）。

すなわち、異なったカテゴリーに含まれる二つの色の違いには気づきやすいが、同じカテゴリー内の二つの色の違いには気づきにくいということになる。物理的には違いが等価であるにもかかわらず、である。これが色のカテゴリカル知覚と呼ばれるものだ。

重要なのは、カテゴリカル知覚は、文化がもつ色の名前によって影響を受けることだ。英語や日本語は一一個の基本色名（白、黒、赤、黄、緑、青、橙、桃、紫、茶、灰）をもっているのに対し、パプアニューギニアのベリンモ族の話すベリンモ語では五つ（wap, kel, mehi, wor, nol）である。ベリンモ語には英語における緑と青の境界は存在せず、逆に英語にはベリン

図10-1　色のカテゴリカル知覚

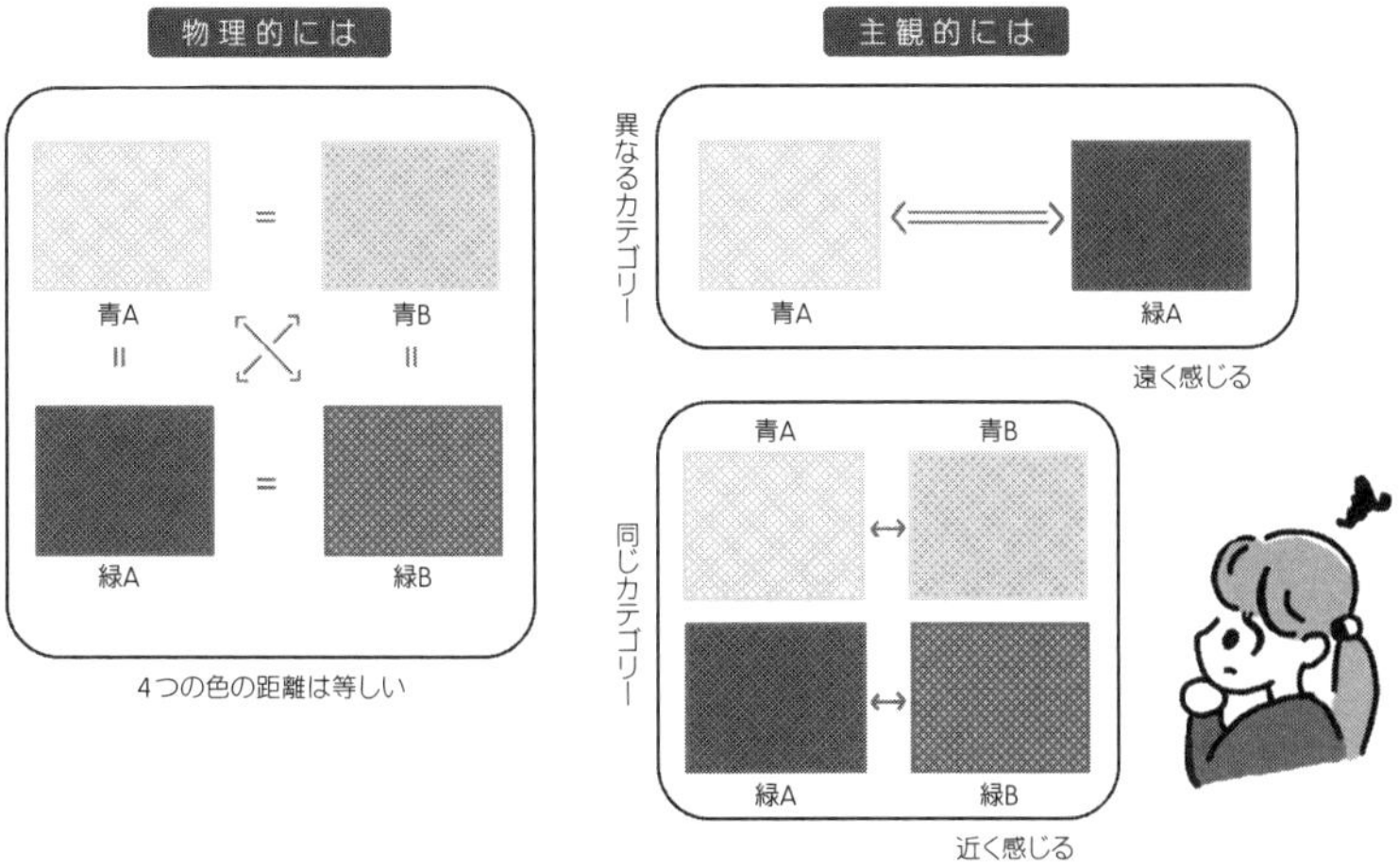

モ語の色名worとnolの境界は存在しない。

ある研究では、英語話者とベリンモ語話者を対象にカテゴリカル知覚の文化差を調べた。そこでは、緑と青の境界と、worとnolの境界におけるカテゴリカル知覚の有無が検討された。その結果、英語話者は緑と青の境界にのみカテゴリカル知覚を示したのに対し、ベリンモ語話者はworとnolの境界にのみカテゴリカル知覚を示したのである。

このような研究により、言語的なカテゴリーが、色知覚と関連していることが明らかとなっている。

だが、本当に言語が大事なのかという疑問も指摘されている。というのも、乳児を対象にした研究から、乳児もカテゴリカル知覚をしていることが示されているからである。四ヵ月児においても、このようなカテゴリカル知覚がみられることが明らかになっている[*1]。これらの研究では、馴化・脱馴化法と呼ばれる方法を用いている。まず、色として、互いに物理的に等距離である青A、青B、緑Aを準備する。そして、まず、乳児に対して青Aの四角い図形を二つ並べて提示する。乳児は、最初その図形を見るが、そのうちに飽きてきて、図形を見なくなる。青Aに飽きたらそこでテストとなる。

テストでは、青Aと青Bを提示する場合と、青Aと緑Aを提示する場合がある。もし青Aと青Bを同じカテゴリーだと乳児が認識していたら、両者を区別しないと考えられるので、青Aと青Bを見る時間は変わらないと想定される。一方、青Aと緑Aを異なるカテゴリーだと認識していたら、乳児は両者を区別する、つまり青Aと緑Aを見る時間は異なってくるだろう。とくに、青Aには飽きているので、緑Aを長く見ると考えられる。

結果としては、乳児は青Aと青Bを区別しなかったが、青Aと緑Aを区別することが示された。青と緑のペアだけではなく、青と紫のペアでも同様の結果であった。これは、四ヵ月児もカテゴリカル知覚をしていることを示している。つまり、紫、青、緑というふうに分けて色を知覚しているらしい。

これらの結果を見ると、言語はカテゴリカル知覚にとって必ずしも重要ではないということになる。

脳と色のカテゴリカル知覚

大人の研究ではカテゴリカル知覚は言語と関連しそうだが、乳児でもカテゴリカル知覚がみられる。大人と乳児のカテゴリカル知覚は、どのようなメカニズムによるのだろうか。脳研究からこの点が検討されている。

大人では、多くの人において、言語にかかわる脳領域が左半球にあることが知られている。ブローカ野と呼ばれる発話に関する領域やウェルニッケ野と呼ばれる音韻処理に関する領域は、大脳の左半球にある人が多い。そして、カテゴリカル知覚にかかわる部位も左半球に局在している可能性があるという。

視野のなかでも、視野の右半分（右視野）は左半球と、左半分（左視野）は右半球とつながっていることがよく知られているが、このことを応用した研究が報告されている。その研究では、カテゴリカル知覚に関する実験を行い、右視野（左半球）のみに刺激を提示する場合と、左視野（右半球）のみに刺激を提示する場合とで成績が異なるかが検討された。カテゴリカル知覚が言語とかかわるのであれば、言語にかかわる脳領域が左半球にあることから、右視野に刺激を提示した場合のほうが成績がよいだろうという仮定である。

この研究では、視覚探索課題が用いられた。さまざまな妨害刺激のなかからターゲットを探すというものだ。たとえば、ターゲットを青Aの図形としたときに、妨害刺激を青Bにする場合と、緑Aにする場合を考えてみる。妨害刺激が青Bの場合、同じ青色のカテゴリーになるので、青Aを探索するのは難しいと予想される。一方、妨害刺激が緑Aの場合は、異なったカテゴリーになるので、青Aを探すのは容易だと考えられる。

この実験の結果、ターゲットと妨害刺激を同じカテゴリーの色にしたときにターゲットを探すのにかかる時間は、ターゲットと妨害刺激を別のカテゴリーの色にしたときと比べ、有意に長いことが示された。そしてこの効果は、ターゲットが右視野にあるときにだけみられたという。つまり、右視野でのみ、色のカテゴリカル知覚がなされたということである。

研究者らによると、左半球にある言語野によって、このような影響がみられたのではないかということだ。実際、左半球優位であることは脳波やｆＭＲＩの研究によって示されている。

脳発達と色のカテゴリカル知覚

では、乳児でも同様の効果がみられるのだろうか、それとも、このような半球優位性はみられないのだろうか。

ある研究によれば、乳児では大人と異なり、左視野優位であることが示されている。この研究では、四～六ヵ月の乳児を対象に、大人の実験と同様の視覚探索課題を用いた。ただ、大人はターゲットを見つけたらボタンを押すのだが、乳児はボタンを押せないので、ターゲットを見るためにかかる時間を調べた［＊2］。

実験では、乳児と大人にモニターの中央に視線を向けてもらい、その状態で図形が一つ提示される。その図形の色と、背景画面の色の組み合わせによって、カテゴリカル知覚を調べた。たとえば、図形の色が青Ａで背景の色が青Ｂである場合と、図形の色が青Ａで背景の色が緑Ａの場合とを比較した。前者は同カテゴリー内の二色であり、青Ａを探すのに時間がかかると考えられる。一方、後者は異なったカテゴリー内の二色であり、青Aを探すのは容易だと考えられる。

この実験の結果、異なるカテゴリー内の二色を用いた場合、同じカテゴリー内の二色を用いた場合よりも、図形を探すまでにかかる時間は短いことが示された。重要な点として、大人は右視野に図形が出たときのほうが効果が大きかったが、乳児は逆で、左視野に図形が出たときにのみ、この効果がみられたのである。

この研究は、大人と乳児のカテゴリカル知覚のメカニズムが異なる可能性を示唆している。左視野優位の乳児のカテゴリカル知覚から、言語を獲得することで、右視野優位のカテゴリカル知覚へと発達していくということらしい。

実際、言語の獲得によって、左視野優位から右視野優位に変わることが実験で示されている。この研究では、二〜五歳の子どもを対象にして、乳児を対象にしたのと同じ方法を用いて実験を行った[＊3]。参加した子どもには、色命名課題と色理解課題が与えられ、その成績から二つの群に分けられた。色命名課題では、子どもはウサギが持っている風船の色を尋ねられ（「ウサギの持っている風船は何色？」）、色理解課題では、特定の色の風船を持っているウサギはどれかを尋ねられた（「赤色の風船を持っているウサギはどれ？」）。その結果、色名をよく知っている子ども、つまり色にかかわる言語を多く獲得している子どもは、大人と同じ右視野優位の傾向がみられた。一方、色名をあまり知らない子どもは、乳児と同じ左視野優位の傾向がみられた。この結果は、言語の獲得が、カテゴリカル知覚の発達に影響を与えることを直接的に示している。

ただ、この半球優位性効果は必ずしも頑健ではないことも明記しておきたい。乳児の脳活動を調べた研究では、カテゴリカル知覚にかかわる脳活動は、左右の後頭・側頭領域で確認されている［＊4］。

乳児に見えているのは五色

多くの研究では、カテゴリカル知覚について緑と青の境界のみを調べている。ほかの色はどうだろうか。

最近のある研究では、マンセル色相から色見本を取り出し、四〜六ヵ月の乳児の色相カテゴリーを調査した［＊5］。マンセル色相は、大人の観察者にとって色空間全体の知覚の違いを表現することを目的としており、青のマンセル色相単位一個分の変化は、黄のマンセル色相単位一個分の変化とほぼ同等の知覚をもたらすことが知られている。

この研究では、マンセル色相で等間隔に位置する色のペアをセットとし、色相環を一周させることで、乳児が色をどのように知覚しているかを調べた。実験の方法自体は、上記の乳児のカテゴリカル知覚の研究で用いた馴化・脱馴化と同様であった。

その結果、乳児は色を大きく五つのグループに分類することが明らかになった。これらのグループは、英語における黄、緑、青、紫、赤に相当する。このような分類は、一一〇の非工業化された国や地域における色の語彙に共通する分類と一致している。このことは、乳児に見える色カテゴリーが、文化や言語に影響される前に、生物学的要因に規定されている可能性を示している。

第11章

子どものメタ認知

第1章で、子どものメタ認知、とりわけその能力の低さにも意味があるのではないかと述べた。大人と比べると子どものメタ認知能力が低いのは間違いなく、そのことは一見すると子どもにとって不利であるように思える。だが、そのおかげで子どもは自分のことを過信し、自尊心を保つことができるという内容であった。

伝統的には、メタ認知が発達するのは学齢期以降で、それにより子どもは教科学習を効率よく行えるようになると考えられてきた。実際、子どものメタ認知に着目した理科教育や算数教育の研究は膨大な数に上る。言い換えると、幼児期まではメタ認知能力はほとんどないというのが一般的な考えである。

だが、近年、ヒト以外の動物におけるメタ認知研究が飛躍的に発展しており、ヒトの大人とは異なるものの、霊長類などはメタ認知能力らしきものをもっている可能性も報告されている。言語をもたない動物にもメタ認知能力があるのであれば、言語が未発達な乳幼児にもそうした能力があるかもしれない。本章ではそのような研究について紹介しよう。

メタ認知とは

メタ認知とは、自分の認知活動に対する認知のことであり、大きくメタ認知的知識とメタ認知的活動に分類される。メタ認知的知識とは、認知活動についての知識を指し、人に関するもの（たとえば「私は人の顔を覚えることが苦手である」）などが含まれる。発達研究においては、他者の心的状態を推測する能力である「心の理論」との関連が検討されてきた。心の理論は、自分や他者の知識状態のソースを理解し、区別する必要があるという点で、メタ認知的知識と関連するとされる。またメタ認知的活動とは、自分の認知過程についてモニターし、制御することを指す。現在進行中の自分の認知活動に気づいたり、予測したり、評価したりすることを含む。

ここではこの二つのうち、メタ認知的活動に焦点を当てて話を進めていこう。

子どもを対象に研究を行う場合、大人を対象にしたような実験課題を用いることは難しい。大人の課題では、課題のルールを理解することが必要だったり言語で答えたりしなければならないため、子どもには適切でない。そのためここ一〇年ほどで、子ども向けに修正された課題がいくつか開発されてきた。

そのうち最も単純な方法として、確信度スケールがある［＊1］。これは、ある課題を与えて答えを考えてもらったうえで、その答えに確信があるかどうかを尋ねるというものだ。自分の答えに確信があるかどうかは、自分の認知活動についての気づきや評価であるため、メタ認知的活動だといえる。

確信度スケールでは、言語的な負荷を減らすため、確信があるかどうかを直接的に問うのではなく、確信がありそうな様子の子どもの絵と確信がなさそうな様子の子どもの絵を提示し、どちらが自分の状態に近いかを問う。答えが正しいときには確信がありそうな子どもの絵を選び、答えが間違っているときには確信がなさそうな子どもの絵を選べば、自分の認知活動について正しく認識し、評価していると考えられる。この方法を用いた研究で、幼児でもある程度は自分の認知活動に気づき、評価していることが示されている。

とはいえこの方法も、言語能力がまったく必要ないわけではないし、自分の確信度と提示される絵との関係を理解するなど高次な認知能力が求められるので、三歳以下の子どもに用いるのは容易ではないだろう。

オプトアウト法

それでは、三歳以下の子どもにはどのような方法を使えばいいだろうか。

一つは、ヒト以外の動物を対象にした研究でも用いられるオプトアウト法である。オプトアウトとは、活動に参加することを意味するオプトインの対義語であり、活動から抜けることを意味する。

たとえば、クイズゲームに参加していて、難しい問題が出されたとする。答えの見当がまったくつかないわけではないが、さりとて自信があるわけでもない。正解すれば多くのポイントを得られるが、不正解だとポイントを全部もっていかれる。ただし、自信がない場合は「パス」することもできる。このような状況でのパスがオプトアウトである。

パスをするためには、自分の認知的活動を適切に把握し、問題に答えられるか答えられないかを評価することが必要になる。自分が問題に答えられると評価すれば問題に答え、答えられないもしくは確信がもてないと評価すればパスを選択する。その意味で、この課題にはメタ認知能力が必要とされるのだ。

三歳以下の子どもを対象にしたある研究では、玩具を隠す方法が用いられた[*2]。この研究では、玩具がある場所に隠され、子どもはその場所を覚えておかなければならない。覚えておく時間の長さを変えることで、課題の難易度を調整することができる。短い時間覚えておけばよいだけなら難しくないし、長い時間覚えておかねばならない場合には課題の難易度は上がるだろう。

この研究では二つの条件が設けられ、統制群では自分で答えるしか選択肢がなかったのに対して、実験群では子どもは親に助けを求めることができた（図11-1）。親に助けを求めるということは、自分の考えに確信がもてないことを理解しているということだ。これがオプトアウトの選択肢になる。

この実験の結果、実験群の二〇ヵ月児は、オプトアウトの選択肢を、成績を向上させるために使うことが示された。少々ややこしいが、成績が向上した理由として、二通り考えられる。一

図11-1　玩具はどこに?

つは、実験群において、統制群と比べて正解が増えたことであり、もう一つは、実験群で不正解が減ったことである。オプトアウト自体は正解には数えられないので、どちらもありうる。結果としては、実験群は、統制群よりも不正解が減っていた。つまり、間違えそうな場合に、オプトアウトすることによって不正解を減らしたのである。この結果は、言語報告を要する課題は困難な二〇ヵ月児であっても、自分の考えに確信があるかどうかを評価していることを示している。

賭け金法

これに似た方法として、カジノでの賭け金のような方法もある。ある研究では、五〜八歳の子どもを対象に、数の弁別課題を与えた[＊3]。たとえば、二枚の絵を提示されて、その絵に描かれているドットの数が多いのはどちらかを判断するよう求められる。ドットの数が似ていて弁別が難しい場合、中程度に難しい場合、簡単な場合の三つの条件が用意された。この判断の後、子どもは、その自分の判断を評価するよう求められた。そこでは、ハイリスクの選択とローリスクの選択がある。前者は正解していればコインを三枚もらえるが、不正解ならばコインを三枚没収される。後者は正解していればコインを一枚もらえるが、不正解ならばコインを一枚没収される。このとき、子どもがメタ認知をできているのであれば、正解していると評価した場合にはハイリスクの選択を、不正解だと評価した場合にはローリスクの選択をすると予想される。また、課題が難しい場合にはローリスクの選択が増え、課題が簡単な場合にはハイリスクの選択が増えることが予想される。結果としては、五歳児であっても、この予想と一致する行動をとることが示された。

ただ、この方法は、言語能力やルールの理解など高次な認知機能が必要とされ、年齢の低い幼児に用いるのは難しい。より簡単な方法としてはどのようなものがあるだろうか。

一二ヵ月児と一八ヵ月児を対象にした研究では、指差しや視線を使った方法が提案されている[*4]。この研究では、まず一八ヵ月児を対象に、二つの箱のうち一方に玩具を隠した後に、箱をカーテンの後ろに隠して一定時間見えなくする。この隠す時間の長さを変えることで、課題の難易度を操作する。長ければ長いほど難しくなるのである。次に、カーテンを取り払って、どちらに玩具が入っているか、子どもに指差ししてもらう。その後、箱のなかを探してもらうのだが、ここで一つ仕掛けをする。子どもが玩具を見つけられないようになっているのだ。そのため、子どもは玩具を見つけることはできないのだが、どのくらい玩具を探すかの時間を測定し、これをメタ認知の指標とする。もし自分の指差しに確信があるのであれば、長い時間箱のなかを探すと予想されるからである。実験の結果、正しい箱を指差した場合、そうでない場合よりも、玩具を探す時間が長いことが示された。

次に、一二ヵ月児を対象にした実験である。一二ヵ月児はまだ正確に指差しができないので、視線が用いられた。この実験では、手掛かり段階として、画面上の左右のうち、一方には顔刺激が、もう一方には無意味な刺激が提示される。この二つの刺激が消えた後に遅延段階が置かれ、ここでは左右両方に無意味な刺激が提示される。この遅延段階で、乳児が最初に左右どちらの刺激を見るか、そして、その後にどれだけの時間その刺激を見続けるかが調べられた。この実験では、遅延段階で最初に左右のどちらの刺激を見るかが一八ヵ月児における指差しに相当し、その刺激を見続けた時間が一八ヵ月児における箱のなかを探す時間に当たると考えられている。つまり、最初に左右どちらを見るかは、乳児がどちらに顔があると思うかという選択反応を意味し、その刺激を見続けた時間は確信の程度を意味するということである。

結果として、一二ヵ月児が最初に正答した場合に、そちらを長く見ることが示された。たとえば、手掛かり段階で顔が左に出た場合に、遅延段階で乳児が最初に左を見ると、その後も左を見続けるが、最初に右を見ると、あまり長くは見ないということである。これらの結果から、一歳頃からメタ認知らしき能力が備わっている可能性が示された。

コアメタ認知

では、一歳児でみられるようなメタ認知らしき能力は、大人や年長の子どもがもつメタ認知能力と同じものなのだろうか。最後にこの点を考えてみたい。

上記のオプトアウト法や賭け金法は、人間以外の動物を対象にした研究で用いられているものである。これらの課題を使って、サルやラットにもメタ認知らしき能力がある可能性が示されている。つまり、ヒトの一歳児がもつ能力は、サルやラットがもっているものと同じような能力ということになる。これは大人や年長の子どもがもつ洗練されたメタ認知能力とは異なるものである。

どう違うのか。いくつか考えられるが、一つは、大人のようなメタ認知能力があれば、私たちは意識的に自分の行動をコントロールできるが、一歳児がもつようなメタ認知能力では、無意識的・自動的にコントロールされると考えられることである。また、大人のメタ認知の内容は他者と共有されるが、乳児のメタ認知の内容は共有されないという違いもある。

そのため、一歳児にみられるようなメタ認知的な能力のことを、コアメタ認知と呼ぶ研究者もいる[＊5]。ここでのコアとは、核となるもの、基本的・原初的なものという意味である。

発達心理学ではこのコアという表現はよく使われており、とりわけ、乳児が生まれながらにしてもっている能力を指す場合が多い。有名な理論としてコア知識理論というものがあり、乳児は生まれつき物体・数・空間・他者・社会集団についての知識をもっているという主張である。この理論によれば、生物は進化の過程で重要であった知識をもって生まれてくるのであり、人間において大事な知識とは、上記の五種類の知識ということである。コア知識理論は、生後三〜六ヵ月程度の乳児を対象にした実験結果を根拠としており、そうしたデータをもとに生まれつきそれらの知識をもっていることが主張できるかどうかは議論が分かれるところである。

いずれにしても、コアメタ認知はコア知識理論と同様、進化の過程で重要であった無意識的なメタ認知能力は生まれつきに近い形で人間に備わっている、という主張である。ただし、詳細は省くが、メタ認知の脳内基盤の一つであると考えられる前頭前野は生後すぐには十分に機能しておらず、早くても一歳頃に機能し始める可能性が指摘されている。そのため、コア知識とは異なり、コアメタ認知能力は、生まれつきというよりは、一歳頃に前頭前野などの発達とともに獲得されると考えるほうが自然かもしれない。

いずれにしても、生後一年でメタ認知能力を獲得しているとなると驚きである。子どもは、無意識的にではあるが、自分で自分を省みることができる存在なのだ。

第12章

子どもの推論

推理小説は、フィクションにおける人気ジャンルの一つだ。だいぶ古臭くなったとはいえ、名探偵がちょっとした手掛かりに着想を得て大胆な推理を展開する様子を見て読者は手に汗をにぎる。こういった名探偵ものは、大人だけではなく、子どもにも人気だ。『名探偵コナン』は言うにおよばず、幼児や小学校低学年の子どもであっても、『おしりたんてい』や『ミルキー杉山のあなたも名探偵』『キャベたまたんてい』シリーズなどを楽しむことができる。

子どもの発達心理学研究においても、「推論」にかかわる研究は歴史的に重要なテーマとなっている。この章ではそうした推論の一つ、推移的推論について紹介しよう。

推移的推論とは？

推移的推論とは、三つの項目に関する推論である。たとえば、A、B、Cという三つの項目があるとする。そして、AはBより大きく、BはCより大きい、といった情報が与えられたときに、直接明示されていないAとCの順序関係について演繹的に推論を行うのが推移的推論である。結果として、AはCより大きいということになる（図12-1）。

このタイプの推論について子どもを対象に初めて研究したのは、本書で何度か登場したピアジェであった。ピアジェの研究では、子どもたちは、実験者が作った塔と同じ高さの塔をブロックで作るよう求められた。この課題では、実験者の塔は、子どもが塔を作るテーブルよりも高いテーブルの上に置かれていた。テーブルの高さが異なるので、実験者と同じ高さの塔を作るのは容易ではない。そのため、子どもには、さまざまな長さの棒が用意された。子どもには使い方を教えなかったが、この棒を塔の高さを比較するために使えるかどうかが調べられたのである。つまり、子どもの塔の高さ（A）と棒の長さ（B）という比較と、棒の長さ（B）と実験者の塔の高さ（C）という比較から、子どもの塔の高さ（A）と実験者の塔の高さ（C）に関する推論ができるかが調べられた。

図12-1　三者の関係を推測する

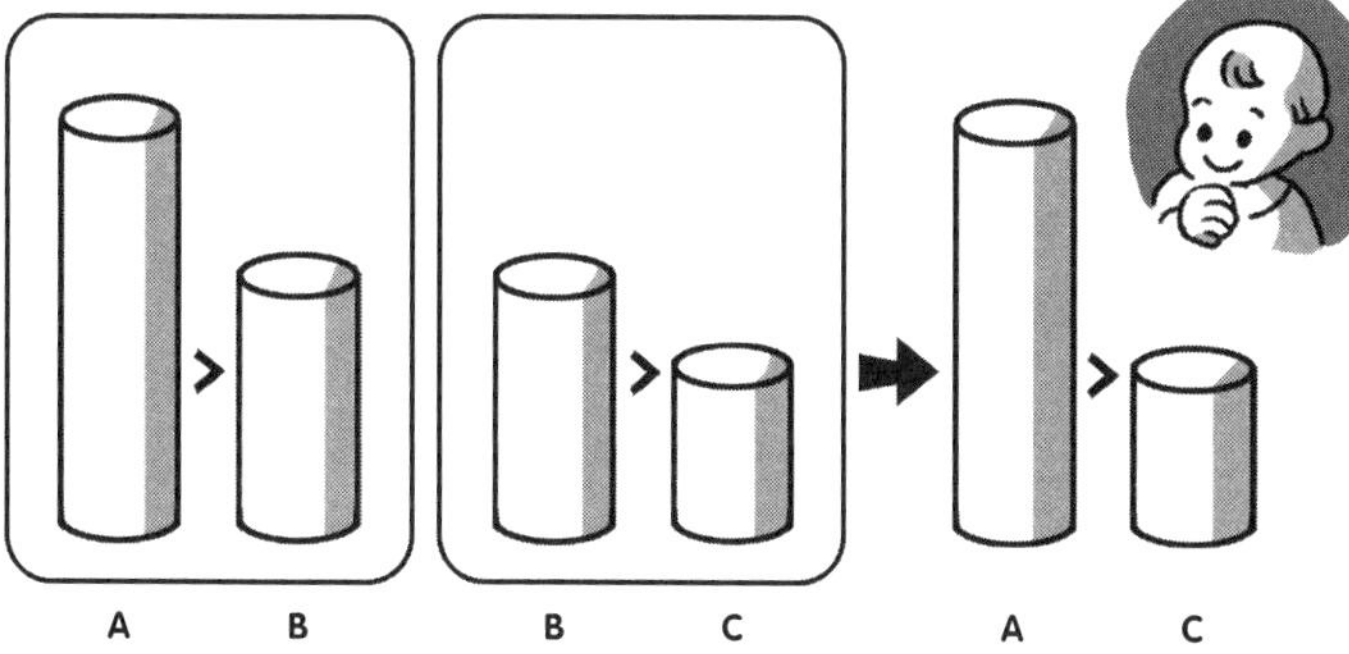

詳細は省くが、七～八歳以下の子どもはこの課題において棒を正しく利用することはできなかった。ピアジェの理論では、子どもの論理的な思考は段階的に発達していく。論理的に思考するためには、身体を使わず、心的な操作ができる必要があるというのがピアジェの理論の肝である。心的な操作が難しいとされる前操作期の子どもはこの課題をクリアすることができず、一方、具体的な対象については心的な操作が可能とされる具体的操作期の子どもはこの課題をクリアすることができた。

記憶力の問題

ピアジェはいくつかの課題で推移的推論について検討を行ったが、彼の主張は、その後さまざまな批判を受けることになった。

たとえば、そもそも課題が複雑すぎるという批判や、記憶力が必要とされるという批判がある。上記の課題でいえば、子どもは、自分の塔の高さ（A）、棒の長さ（B）、実験者の塔の高さ（C）の三者を一度に提示されることはない。そのため、AとBの比較と、BとCの比較をそれぞれ記憶して、最終的にその結果を照合する必要がある。もし子どもにこの記憶力がなければ、課題をクリアすることは難しいだろう。つまり、ピアジェの研究で七〜八歳以下の子どもに推移的推論ができないのは、推移的推論能力の問題なのか、それとも記憶力の問題なのかがわからないのである。

このような問題点を考慮した研究では、四歳くらいの子どもでも推移的推論の課題をクリアすることができる。ある研究では、AとBの比較（たとえばA＞B）、BとCの比較（たとえばB＞C）を繰り返し提示し、子どもにこの関係をしっかりと学習させたり、AとCの比較を行う際にAとBの比較やBとCの比較に関して覚えているかを確かめたりしながら、推論に関する質問をする。そうすると、幼児でも推移的推論を行うことができるのである。

さらに、同じ幼児期であっても、三〜四歳の子どもと五歳〜六歳の子どもでは課題の成績が異なることが報告されている［＊1］。ある研究では、難しい版と易しい版の二つの推移的推論課題が与えられた。難しいほうの課題では、まず五色の色紙が用意され、二つの色紙をペアにして、一方の色紙をもう一方の色紙より高い位置に置いた（たとえば、青の紙を上に、紫の紙を下に置く)。そのペアを四種類用意して、青>紫、赤>青、黄>緑、緑>赤の関係があることを示した(青>紫は、青が紫より高い位置に置かれていることを示す)。この位置関係に基づいて全体の順序を推論すると、黄、緑、赤、青、紫の関係が得られる。課題では、幼児は上記の四つのペアを前提として与えられた後、緑と青のペアを与えられ、どちらのほうが高い位置にあるかと問われた。この課題では、緑と赤、赤と青のペアが課題と関連しており、緑と青の関係を考えるために、赤を考慮する必要がある。三者関係の推論である。課題と関連するペアにのみ焦点を当てて、緑という正しい答えを導けるかが調べられた。

一方、易しいほうの課題は、基本的に二者の比較である。前提として、青>紫、赤>青、黄>緑、緑>赤のペアを与える点は難しいほうの課題と同じである。その後、緑と赤のペアと、黄の色紙が与えられ、黄がどこに位置づけられるかを判断する。その次に、青の色紙を与えられ、どこに位置づけられるかを判断する。前者は黄と緑を比較するだけでいいし、後者も赤と青を比較するだけでいい。あくまで二者の比較である。

この実験の結果、三~四歳の子どもは、易しいほうの課題はクリアできたが、難しいほうの課題はクリアすることができなかった。しかし五~六歳児は、両方の課題をクリアすることができた。

この例でみられるように、課題の分析や子どもの記憶力、情報処理能力を踏まえてピアジェの研究を批判的に検討した一派を新ピアジェ派と呼ぶが、新ピアジェ派の研究者らによって、ピアジェの多くの課題はその難易度や子どもの能力の観点から説明されることになった（詳細は文献2を参照のこと）。

社会的関係性

ピアジェの推移的推論に関する研究のもう一つの問題は、どんな課題であっても、同じような構造であれば、具体的操作期の子どもはクリアすることができると考えていた点である。たとえば、これまで見てきた例は、モノの高さに関する推論であった。このような推論と社会的関係性に関する推論は、同じような年齢で行うことができるのかという問題である。

社会的関係性に関する推論について、卑近な例として、会社組織を考えてみよう。社長と部長の関係と、部長と課長の関係についての情報が与えられたとする。社長は部長より偉く、部長は課長より偉い。この情報から、社長と課長の関係性を推測するという課題である。

こういった関係性の理解は難しいのではないかと思われるかもしれないが、実は子どもは出生後早期の段階から、社会的な関係性について敏感であることが示されている。推移的推論とは直接関係ないが、筆者らの研究を紹介しよう[*3]。この研究では、「高い位置にいる人＝偉い人」ということを一二～一六ヵ月の乳児が理解するかを調べた。たとえば、オリンピックの金メダル選手の位置は、銀メダル選手の位置よりも高い。また、日本語で「目上の人」という表現があるが、「高い位置にいる人は偉い」という同様の表現は多くの文化でみられる。乳児にこのような理解ができるかを検討した。

この研究では、乳児が、空間的に上にいるキャラクターが、下にいるキャラクターより優位であることを期待するかを調べた。乳児実験でよく用いられる期待違反法という方法である。まず乳児にある映像を繰り返し見せて、乳児に期待を抱かせる。その後に、期待に一致する映像と一致しない映像を見せると、乳児は前者よりも後者を長く見ることが知られている。これは、自分の期待通りだったら驚かないのであまり長く見ないが、期待に反した場合は驚いて長く見るものと考えられる。

実験では、まず乳児は、二つのキャラクターが同時に画面上の高い位置と低い位置に出現する場面を繰り返し見せられた。ここで、キャラクターAはキャラクターBよりも高い位置にいるということを乳児に覚えてもらい、乳児に期待を抱かせたのだ。もし乳児が「高い位置にいる人＝偉い人」と考えているのであれば、キャラクターAが高い位置にいるので、こちらのほうが偉いという期待を抱くだろう。

図12-2　高い位置にいるほうが偉い

キャラクターAが高い位置に、キャラクターBが低い位置にいる　　どちらが魅力的なものを獲得するか?

その後、テスト段階で、二つのキャラクターが一つの魅力的なものを取り合った（図12－2）。そこでは①高い場所にいるキャラクターが魅力的なものを取る、②低い場所にいるキャラクターが魅力的なものを取る、の二種類の映像を乳児は見せられた。魅力的なものを取るほうが優位なので、①は乳児の期待に沿ったものであり、②は乳児の期待に違反したものになる。もし乳児が「高い位置にいる人＝偉い人」と考えているのであれば、①は当然なので驚かないが、②は予想外なので驚いて映像を長く見ると予測される。実験の結果、この予測通りの結果が得られた。同じような実験を三つ行い、いずれも予測と一致する結果であった。つまり、一二～一六ヵ月児は社会的関係性を理解しているのである。

社会的関係性と推移的推論

乳児も社会的関係性を理解しているらしい。このような社会的関係性と、モノについての関係性とでは、推移的推論の難しさは同じなのだろうか。

モノの高さに関する推論も、社会的関係性に関する推論も、A＞Bの情報とB＞Cの情報を与えられて、A＞Cを推論するという意味では同じ構造と捉えることが可能である。ピアジェの考えでは、具体的操作期の子どもはこれらの課題を同じようにクリアできるはずであり、前操作期の子どもは同じようにクリアできないはずである。

しかしながら、近年の研究によれば、乳児は物理的な対象に比べ社会的な対象により敏感である可能性がある。社会的関係性については、より早い時期から推移的推論ができる可能性もある。そして、社会的な対象を用いた場合に、一歳前後の乳児が推移的推論を行えることが示されている。

この研究は、上記の筆者らの社会的関係性に関する研究とやり方は非常に似ており、期待違反法を用いている[＊4]。筆者らの研究ではキャラクターは二つだけだったが、この研究ではキャラクターが三つ登場する。キャラクターA、キャラクターB、キャラクターCとしよう。幼児はまず、いずれのキャラクターも玩具で遊びたがるシーンを見せられる。その後に、三つのキャラクターが同時に登場し、キャラクターAが玩具を持ち、玩具で遊んでいる場面となる。しばらくすると、キャラクターBがキャラクターAから玩具を奪い、玩具で遊ぶ（A＜B）。キャラクターBがしばらく玩具で遊んでいると、キャラクターCがキャラクターBから玩具を奪い、それで遊ぶ（B＜C）。この段階では、キャラクターAとキャラクターCの間にやりとりはないが、もし乳児に推移的推論ができるのであれば、この段階でキャラクターCのほうが優位であることを推測するはずである（A＜C）。

次に、テスト段階では、キャラクターAとキャラクターCが登場し、玩具を持ってやりとりするのだが、①キャラクターAが玩具を持っている、②キャラクターCが玩具を持っている、の二つの様子を乳児は見せられる。乳児に推移的推論ができる場合、①は乳児の期待に違反するので驚いて注視時間が長くなるはずであり、②は予想通りなので驚かず注視時間は短いと考えられる。実験はこの通りの結果となった。一歳前後の乳児は推移的推論を行えるのである。

このような結果は、ほかの研究でも得られている。その共通点として挙げられるのは、推論の対象が、モノの高さなどの物理的な性質ではなく、他者の好みや社会的関係性といった社会的な性質をもつものであるという点である。物理的な性質を対象にした乳児研究はあまり報告されていないので、物理的な性質に関する推移的推論がこの時期にできることを否定するものではないが、現在のところ、一歳前後の乳児は社会的関係性に関する推移的推論はできるが、物理的な性質に関する推移的推論はできず、できるようになるのは四歳前後であるというのがこの分野の知見になっている。一歳前後というのは、ピアジェの言葉でいえば感覚運動期であり、心的な表象すらもたないとされていた時期である。

このような社会的な性質に関する推論が得意であることは、進化的な視点から説明されることもある。ヒトという社会的な動物にとって、社会的関係性についての推論は物理的関係性についての推論より重要であるため、進化した可能性がある。そのため、このような能力を早い時期から持ち合わせているのではないかというものだ。この考えはピアジェの考えと真っ向から対立するものだが、最近の研究はピアジェよりもこちらの見解を支持しているといえるだろう。

第13章

子どもの言葉と大人の言葉

小学生の頃、国語の授業で品詞について習ったときに、不思議な気持ちになったのを覚えている。日本語を母語とする日本語話者として、日常的なコミュニケーションにとくに困難を感じることはないのに、一つひとつの言葉を「名詞」だの「動詞」だの「形容詞」だのに分けてラベルづけをすることによって何か得をするのかな、と素朴に思ったのである。その後、母語以外の言語として英語を習い始めたときに、名詞や動詞といったラベリングをすることの重要さに遅まきながら気づいたことを記憶している。

本章では、子どもにとっての言葉が大人にとっての言葉と同じではない可能性を示す研究について紹介しよう。

言語発達は、子どもの発達にかかわる分野のなかでもとくに興味深いものの一つである。言語と関係するような能力やそれに類似したものは人間以外の動物においてもしばしばみられるものの、言語という複雑なシステム自体はやはり人間に特徴的なものであり、その複雑なシステムを子どもがどのように身につけるかは非常に興味深いテーマだといえる。

素朴に考えると、言語の発達に重要なのは生後の経験だと思われるだろう。子どもが日本の日本語コミュニティで育てば日本語を話すようになるし、アメリカの英語コミュニティで育てば英語を話すようになる。生まれつき特定の言語を話す子どもはいないわけだから、やっぱり経験でしょ、という気がする。

だが、言語発達の研究領域では、私たちの脳には生まれつき言語を獲得するための能力が備わっており、その能力のおかげで、どのような環境で過ごそうとも生後数年で言語を獲得できると考える立場が優勢である。その代表的なものが有名な言語学者ノーム・チョムスキーの生成文法理論である。本書にたびたび登場するピアジェは、チョムスキーとの間で言語の生得性について論争を行っているが、歴史的にはチョムスキーに軍配が上がっており、言語のみならず認知発達のさまざまな領域に生得性の議論は波及することになった。

一方で、子どもが生まれつき言語を獲得するための能力をもっているとしても、やはり言語発達を考えるうえで周りの環境や経験の影響は重要である。最近注目を集めている考えとして、他者とのやりとりや他者認識に関する能力が、音韻や名詞の獲得に重要だというものがある。

この考えによれば、生後間もない赤ちゃんであっても、他者から伝達される情報に対する強い感受性があり、他者から言葉を学習するような傾向をもつという。たとえばある研究では、赤ちゃんは目の前の他者からは音韻を学ぶことができるが、ＤＶＤを見るだけでは学びにくいことが示されている。また別の研究は、幼児が他者から単語を学ぶ際に、その他者が何を見ているかという視線の情報を利用することを報告している。こうした報告は、言語を獲得するための装置が生まれつき備わっているという仮説を退けるものではないが、子どもは他者とのやりとりのなかで言語を獲得するという私たちの直感と一致している。

ロボットからの言語獲得

乳幼児の言語発達がどのように研究されているかのイメージを伝えるために、筆者らが実施した研究を紹介しよう[*1]。この研究は、幼児が他者およびロボットから言葉を獲得できるかを調べたものである。

上記のように、乳幼児が他者から言葉を学習することはさまざまな研究により示されており、他者以外の存在から言葉を学習することはないと考えられる。では、私たちの生活のなかに広く浸透しているロボットではどうだろうか。

乳幼児がロボットをどのような存在と見なしているかは興味深い問題である。ピアジェ以来、子どもがどのような対象を生物と見なし、どのような対象を非生物と見なしているかについてはさまざまな研究がある。それらの研究では、幼児は、人間に対しては食べる、成長するなどの生物の特徴や、考える、怒るなどの心理的特徴を認めるのに対して、石などの無生物にはそれらを認めないことが報告されている。ロボットは生物と無生物のちょうど中間くらいに位置づけられ、子どもによっては、心理的な特徴を認めることもある。

現在、ロボットは、工業化された国々を中心に広く使用されており、日本でもロボットが数百万人の労働者に代わる働きを担っている。これは主に工場の話だが、近年では日常生活にも入り込み、家事を代行したりしてくれている。ロボット掃除機がある家庭も少なくないだろう。さらには教育すら、ロボットが人間の代わりとなって行う可能性がある。しかしながら、子どもがロボットから言葉を学ぶことができるかは明らかになっていなかった。

そこで筆者らは、四〜五歳の幼児がロボットから言葉を学習することができるかを非常に単純な実験で検証した。実験では、人間から言葉を学ぶヒト条件と、ロボットから言葉を学ぶロボット条件の二つが設定された。使用したロボットは、国際電気通信基礎技術研究所にある「ロボビー」というロボットである。ロボビーは、目二つを含む顔や手をもっているものの、どちらかというと機械らしい外見のロボットである。人間とはまったく見かけの異なるロボットから言葉を学習することができるかを検証したことになる。また、ロボビーには音声の再生機能があり、ヒト条件で演者をしてくれた女性の音声を録音して使用した。つまり、ヒト条件とロボット条件では音声は同じであり、見かけのみが異なったということである。

実験は、ベースライン段階とテスト段階の二段階から構成された。ベースライン段階では、参加児は、人間の演者もしくはロボットが自己紹介するビデオを視聴した（例：「私の名前はロボビーです。ロボビーはバナナが好きです」）。ビデオを視聴した後に、参加児は、演者もしくはロボットの名前と、好きなものについて尋ねられた。このベースライン段階の目的は、参加児が人間の演者もしくはロボットから情報を取得できるかどうかを調べることである。結果として、ベースライン段階においては、ヒト条件でもロボット条件でも、参加児は同程度情報を取得することができた。子どもたちは、ヒトのビデオもロボットのビデオも、しっかりと視聴しているようである。

次に、テスト段階では、ヒト条件でもロボット条件でも、参加児は三つのビデオを視聴した。ビデオのなかでは、子どもがそれまで見たことがないような珍しい物体が提示され、人間の演者もしくはロボットがその物体の名前を述べた。ここが言語獲得研究の肝の一つになるのだが、日常的に見かけるような物体は子どもが名前を知っている可能性があるため、使うことはできない。名前も同様で、子どもが聞いたことのありそうな名前を使うことはできない。それではどのような言葉を使えばよいかとい

図13-1　ロボットから言葉を学習できるか?

うと、これが意外に難しい。言語体系が異なるので、海外の研究者が使った言葉をそのまま使えるとも限らない。よく使われるのは「トマ」というもので、本研究でもこれを使用した。たとえば、人間の演者やロボットが、ある物体を指して「これはトマです」と発言するのである（図13‐1）。参加児は、三つの異なった物体に関するビデオを連続で視聴した後に、ビデオのなかで名前をつけられた物体を提示され、「トマはどれかな？」のように問われた。その結果、ヒト条件では、四歳児も五歳児も正しく物体を選ぶことができたが、ロボット条件では五歳児のみが正しく物体を選ぶことができた。ロボット条件では、四歳児は正しく答えられなかったのである。

この実験から、子どもはロボットからも言葉を学習することができること、ただし、ヒトから学習するよりは難しいことが示された。

名詞と動詞

筆者らの研究は名詞の獲得について調べるものであったが、動詞の獲得に関する研究も近年は盛んである。名詞と動詞が異なったものであるのは大人にとっては当たり前のことであるが、言葉を獲得しつつある子どもにとっても同じように当たり前のことなのだろうか。

中国語などの例外はあるものの、一般に、名詞の獲得は動詞の獲得よりも早いとされる。子どもは先にものの名前を覚え、その後に動作に関する言葉を獲得するということだ。いろいろと議論はあるのだが、名詞については、ものと言葉の対応が比較的認識しやすい。赤い丸い物体を見て「りんご」と言われた場合、その物体のどの側面を指しているかという問題はあるものの、少なくともその物体に関する言葉であることは特定しやすい。一方で、動詞は、たとえば「投げる」という言葉一つとっても、ものの名前と比べると、どの動作を指しているのか、その動作のどこからどこまでを指しているのか、などを特定するのが難しいように思われる。

そのため、発達の早い時期から、名詞と動詞は異なるものであり、日本語であればまずは名詞から獲得し、その後に動詞を獲得するという発達プロセスが一般的には考えられている。ところが、筆者の共同研究者の萩原広道氏（現・東京大学）らの研究は、このような考えに再考を迫るものである。彼らの考えを端的に言うならば、言語を獲得し始めた乳幼児期においては、ある言葉は物体（名詞）や行為（動詞）といったカテゴリーに明確に分かれておらず、両者を含んだ全体的なカテゴリーを指すというものである［*2］。萩原氏はこのようなカテゴリーを「胚性詞」と呼んでいる。

聞き慣れない言葉であるが、胚性詞のような考えは古くからあるし、脳の発達の性質を考えれば十分に納得のいくことである。大人の脳では、脳の各領域はそれぞれの役割が比較的分かれている。一方、発達早期では、脳の各領域の機能はまだ一つに特化しておらず、ある領域はさまざまな情報に対して活動している。発達とともに特定の情報に対してのみ活動するようになるというのが脳の性質である。このような性質を考えると、乳幼児の脳においては物体と行為を含んだ全体的なカテゴリーが処理され、発達とともに、物体や行為といったそれぞれのカテゴリーを処理するようになっていくというのはあり得る話である。

たとえば、「靴」という語の意味を考えてみよう。大人にとっては、靴は、外出時に足に着用する履物という物体を指す。だが、乳幼児にとっては、「靴」という言葉は、履物そのものだけではなく、その物体と密接に関連する行為である「履く」も含むというのである。別の例だと、乳幼児が「ボール」と言っているとき、ボールそのものを指しているだけではなく、ボールを投げて遊ぶという行為までも含んだ出来事全体を指しているのではないかということである。

萩原氏らは、この点を実験的に検証している。言葉を獲得し始めている一〜二歳の乳幼児に二つの映像刺激を提示し、そのうちどちらかを選択するよう指示した。実験では、一致条件と不一致条件の二つの条件が設定された。一致条件では、対象と行為の意味が一致していた。具体的には、幼児は、ある人が靴を履く映像と、二つのバスケットをこする映像を提示された。一方、不一致条件では、幼児は、ある人がバスケットを履く映像と、靴をこする映像を提示された。それらの映像を見終わった後に、幼児は「靴はどちらですか」という質問をされた。

大人であれば、この質問に答えるのは難しくないだろう。靴という単語は物体を指すわけだから、一致条件では靴を履く映像を選ぶし、不一致条件では靴をこする映像を選ぶ。では、乳幼児ではどうか。

一致条件では、「靴」と「履く」もしくは「バスケット」と「こする」が一致している。そのため、「靴」という単語が「靴」と「履く」の両方を含んだ意味をもつとしても、最後の「靴はどちらですか」という質問に答えることに苦労はしないだろう。ところが、不一致条件では、「靴」を「こする」映像と「バスケット」を「履く」映像が提示されている。もし「靴」という単語が「靴」と「履く」の両方を含んでいるとしたら、幼児は迷ってしまうだろう。「靴」という物体は片方の映像に、「履く」という行為はもう片方の映像に含まれているからである。

この実験の結果、年齢および言語の発達度合いによって異なる結果が得られた。生後二一ヵ月未満または語彙数が一四〇語未満という比較的言語が未発達な幼児は、一致条件では質問に対して正しく答えることができたが、不一致条件では正しく答えられなかった。「靴はどちらですか」という質問に対して、一致条件では「靴を履く」映像を選ぶことができたが、不一致条件では「バスケットを履く」映像を選択する割合と「靴をこする」映像を選択する割合が同程度だったのである。一方、二一ヵ月以上または語彙数が一四〇語以上という比較的言語が発達している幼児は、いずれの条件でも、物体としての靴が含まれている映像を選んだ。つまり、大人と同じような反応を示したのである。

不一致条件において、言語が未発達な幼児は、回答に迷ってしまった。「靴」という言葉は、物体としての「靴」と行為としての「履く」が密接に関連しているため、その二つが分かれてしまったら、「靴」という言葉が指すものがわからなくなったのである。ところが、二一ヵ月を超えると、このような傾向は急速になくなり、「靴」という単語は物体としての「靴」を意味するようになる。こうした結果は、胚性詞という状態から、名詞と動詞に分岐していくという考えを支持しているように思える。

まだまだ新しい仮説なので、今後さまざまな検証は必要だと思われるが、乳幼児の見ている世界が大人の見ている世界とは異なるという一つの重要な例になる可能性がある。この仮説が正しければ、親子間のコミュニケーションが食い違うのは無理もない話である。親が物体としての「靴」を指していても、子どもは、「靴」という物体と「履く」という行為の両方として捉えていて、困惑している可能性があるのだ。

第14章

「自分」に気づくとき

九州出身の筆者が関西の大学に入学したときに面食らったのは、「自分」という表現である。「自分」という言葉は「わたし」を指すものだと思っていたが、関西弁では「自分、何にすんねん？」のように、「あなた」を指すのにも使われる。いろいろと歴史的な経緯があるようだが、「わたし」と「あなた」を同じ言葉で表現するとは何ともややこしいものだと思ったのを記憶している。どれだけ関西弁に慣れても、「あなた」を指すために「自分」という言葉を使うのは難しい。

本章では、子どもが「自分」にいつ、どのように気づくかという点について考えてみたい。心理学では、「わたし」に関する研究を自己研究と呼ぶ。自己には、考える主体、認識する側としての自己と、対象、つまり認識される側の自己の二つがある。考える主体の自己を実験的に扱うのは容易ではないので、ここでは対象としての自己、自己認識や自己概念の研究について紹介しよう。

鏡のなかの自己

自己認識の発達は、鏡を用いた実験で調べることができる。鏡は、私たちが自分の姿形を認識するための数少ない手段の一つである。鏡を使って化粧をしたり、髭を剃ったり、身だしなみを整えたりするわけだが、鏡に映った像が自分であることを私たちが理解できるようになるのはいつ頃だろうか。

このような問題は、最初はヒトではなく、チンパンジーを対象に研究された。進化論を提唱したチャールズ・ダーウィンがヒト以外の動物の自己概念に思いを馳せたことも伝わっているが、類人猿の自己認識について実証的に調べられたのは二〇世紀後半になってからである。この研究では、現在ではさまざまな動物の自己認識の指標となっている「マークテスト」が用いられた。チンパンジーが麻酔をされている間に眉や耳のあたりに赤い染料をつけられ、麻酔から醒めた後に、どのような行動をとるかが検討されたのである。

その結果、チンパンジーは、鏡に映る自分の姿を見て、染料をつけられた部分に頻繁に触れることが示された。鏡を使い、自分自身に対して行動を向けたことから、チンパンジーは鏡に映った自己を理解できると結論づけられた。現在では、オランウータンやイルカなどいくつかの動物が、何らかの形で自己認識をしていると考えられている。

このような自己認識を、ヒトの子どもはいつ頃から発達させるのだろうか。これまでの研究によると、テストを通過できるようになるのは二歳頃だと考えられている［＊1］。一歳以下の乳児は、鏡を見せられても鏡のなかの自分に対して微笑みかけたりするなど、自己というよりは他者と認識している可能性が高い。二歳頃になると、鏡に映った自己像を見て、自分の顔についた染料を触れるようになる。この時期に自己認識が獲得されるという考えは、写真のなかの自分を理解できるようになることや、恥ずかしがるなど自己と関連するような感情を示すこと、自分の名前を呼ぶようになることなどの知見によって裏づけられている。二歳頃は、自己の発達の重要な時期であるといえよう。

もちろん、二歳で自己認識が完成するわけではない。鏡に映った自分を認識できる二歳児も、過去の自分に対しての認識は十分でないことが示されている。ある研究では、気づかれないように子どもの頭にステッカーを貼り、その子どもの行動をビデオで撮影した。そして数分後にその映像を子どもに見せた際、子どもがステッカーを剥がそうとするかを調べた。上記のマークテストと類似しているように思えるが、三歳前半の幼児でもステッカーを剥がすことはできなかった。これは、この年齢の子どもは現在の自分の姿は認識できても、過去という時間的側面を含んだ自己認識は不十分であることを示している。

では、二歳以前の乳児には自己認識がまったくないのかというと、必ずしもそうではない。二〇世紀後半までは、乳児に自己認識があるとは考えられておらず、「はじめに」でも述べたように、初期の心理学者であるウィリアム・ジェームズは、乳児は自分と世界が未分化な、混乱した環境のなかに生きていると考えていた。しかし本書で紹介してきたように、二〇世紀後半の研究から、乳児であっても、さまざまな知識をもち、推論をしていることが明らかになっている。

自己認識に関しても、乳児は鏡に映る自分のことは認識できなくても、自己認識の種のようなものはある可能性が示されている。たとえば、乳児は自分の頬を自分自身の手で触るときと、実験者が触るときとを区別することができる。前者は触る側も触られる側も自分だが、後者は一方が自分でもう一方が実験者である。この二つを区別できるということは、自己とそれ以外のものを何らかの形で区別している証拠といえるだろう。

また、自分の身体や動作について認識できるようになることが報告されている[*2]。ある研究では、乳児を自分の足が見えない状態にして、足にかかわる二つの映像を見せた。一つは、乳児の視点から見える乳児自身の足の映像であり、もう一つは、それを反転したものである。この映像は、乳児が足を動かすと、映像中の足も随伴的に動くようになっている。もし乳児が自分の身体とその動きについての認識をもっているとすれば、後者の映像は自分の認識に反するので、後者の映像を注視するはずである。実際、実験では、三ヵ月程度の乳児はそのような反応を示した。この頃には、自分の身体や動作についての何らかの知識があり、その知識に基づいて、身体の動きを予想していると考えられる。

より最近の研究は、触覚に焦点を当てた検討をしている。身体のある場所を触られることが理解できるとすれば、自分の身体に関する空間的な把握をしていることになるだろう。ある研究は、生まれたばかりの新生児が、視覚的な情報と触覚的な情報の関係を理解できる可能性を示している[*3]。この研究では、新生児は、別の乳児が絵筆で顔を触られる映像（たとえばおでこを触られる）を提示された。そしてその間、新生児自身は、映像と空間的に一致する顔の場所（たとえばおでこ）、もしくは不一致の場所（たとえば頬）を触られた（図14-1）。この際に新生児が映像を見ている時間が記録された。その結果、新生児は、映像と空間的に一致した場所を触られた場合に、不一致な場所を触られた場合よりも、映像を長く見ることが示された。すなわち、生まれてわずか数時間で、自分の触覚的な情報と視覚的な情報の関係を理解できるようである。

興味深いのは、同じような実験を行った場合に、身体の位置によって結果が異なる点である。別の研究では、足に関する視覚的な情報と触覚的な情報の関係を乳児が理解できるかを検討した[*4]。実験では、四ヵ月および六ヵ月の乳児の足に、視覚的な情報として光を与え、触覚的な情報としてバイブレーションによって振動を与えた。そして、両方の情報が同じ足に与えられる場合（たとえば、右足に視覚的な情報と触覚的な情報が与えられる）と、そうでない場合（たとえば、右足に視覚的な情報、左足に触覚的な情報を与えられる）の乳児の視線を記録した（図14-2）。つまり、右足を注視するのか、左足を注視するのかを調べたのである。その結果、四ヵ月の乳児も、六ヵ月の乳児も、両方の情報が同じ足に与えられる場合とそうでない場合を区別していることが明らかになった。とくに四ヵ月児は、両方の情報を与えられた足を注視することが明らかになっている。

このような自分の足についての理解を、新生児がもっているという証拠は報告されていない。自分の顔に関する理解は、足に関する理解よりも早いのかもしれない。

図14-1　顔に対する視覚的／触覚的な情報

図14-2　足に対する視覚的／触覚的な情報

両方の情報が同じ足に与えられる場合

両方の情報が別々の足に与えられる場合

言語的な自己概念

赤ちゃんの自己認識であれ、二歳児の自己認識であれ、非言語的な自己認識である。だからこそ、ヒト以外の動物の研究にも用いることができる。だが、幼児期になると、子どもは言葉を発達させる。そのため言語的な自己概念、たとえば「私は絵本が好き」「僕はサッカーが得意」などのような、自分に対する認識が発達してくる。

幼児期の子どもの自己概念は、読書、算数、学校、身体能力、外見、友人関係、親子関係、自尊感情の八つの領域から検討される。ある研究では、幼児はそれぞれの領域に関連する特徴が自分に当てはまるか当てはまらないかを尋ねられた。たとえば友人関係については、「私には友だちがたくさんいる」という質問に対して、自分に当てはまるか当てはまらないかを問われた。それに回答した後に、そのような特徴が自分にどの程度当てはまるかを、非常に当てはまる、ときどき当てはまる、あまり当てはまらない、まったく当てはまらない、の四つの選択肢から選ぶように求められた。

このような自己概念は、幼児期から児童期に著しい変化がみられる。前に述べた通り、幼児にまったくメタ認知がないというわけではないのだが、ときに荒唐無稽な自己概念をもっていたりもする。たとえば「僕には友だちが一〇〇〇人いる」とか、「私は誰よりも足が速い」など、全般的に自己評価が高い。幼児にとっては、比較対象は昨日の自分であり、昨日の自分よりも今日の自分がどれだけ成長したかという点が重要である。

一方、児童期になると、比較対象は自分ではなく、周りの子どもになってくる。「〇〇さんより算数が得意」とか、「××君より野球が上手」などのようになってくるのである。そのため、自己概念や自己評価は幼児期より低くなることもある。そして、年齢とともに、教師からの評定などによる「客観的」評価と一致するようになっていく。社会の洗礼を受けるというか、自分を知るようになるというか、児童期頃に、子どもは客観的に自己を捉えるようになってくるのである。

ジェンダーと自己認識

最後に、自己認識に関連して筆者が最近興味をもっている、ジェンダーステレオタイプの研究について触れておきたい。ジェンダーステレオタイプとは、ジェンダーに関する思い込みであり、「女の人って〇〇だよね」「男の人って××だよね」といった認識である。近年話題になっているいわゆる「女性脳・男性脳」などにはほとんど科学的な根拠がないが、こういう疑似科学が一般書で人気を博すのは、私たちがそういったステレオタイプをもっているからにほかならない。

日本は世界的にジェンダーギャップが大きい国として知られており、国会議員や企業の管理職、筆者のような大学教員に至るまで、男性が占める割合が高い。こういったジェンダーギャップの原因は、女性と男性の能力の違いではない。さまざまな研究から、女性と男性をそれぞれ集団としてみたときに、能力にはほとんど違いがないことが示されている。

では、ジェンダーギャップの原因は何か。小学校の校長について考えてみよう。小学校教員の男女比は、女性が六割、男性が四割と、どちらかというと女性が多いのだが、校長などの管理職は八〜九割が男性である。女性と男性の能力に違いがないとすれば、これは大きな問題である。

筆者が以前、教育大学に勤務していた頃、大勢の小学校教員が大学院に派遣されてきていた。派遣されてきたのは優秀な方々である。小学校の校長の男女比が常々おかしいと思っていた筆者は、派遣されてきた女性教員の方々に、大学院修了の際、将来はぜひ管理職になってくださいと伝えるようにしていた。ところが、筆者の主観的な統計では、九五%以上の方が、「私なんて」と手を振りながら否定していた。もちろん、全員が本心からそう思っていたわけではないだろう。女性が管理職を目指すとは口にしづらい空気があり、一種の社交術として、そのように返答していたのだろう。しかし一方で、本当に「私なんて」と思っている女性もいたと思われる。わが国では、子育てや家事は女性が担う傾向がいまだに高く、仕事にそれほどエネルギーを費やせないのかもしれない。もちろん個々の選択は尊重されるべきであるが、教員全体の人数として女性のほうが多いとすれば、能力の高い女性が校長を含めた管理職にならないことは社会としては大きな損失といえる。

実は、このような傾向のルーツは幼児期から児童期にある可能性がある。アメリカの研究や日本での筆者らの研究から、子どもが小学校に入る時期くらいから、ジェンダーステレオタイプが子どもの行動に影響を与える可能性が報告されている[*5]。この研究では、五歳から八歳くらいの子どもに、「賢い」「やさしい」という言葉が女性と男性のどちらに当てはまるかを尋ねた。その結果、就学前の幼児では、どちらの言葉も、女性にも男性にも同じように当てはまると回答したのに対して、小学生では、ジェンダーステレオタイプに影響されてしまうことが示された。具体的には、女児は「やさしい」という特徴を女性に当てはめ、「賢い」という特徴は女性に当てはまらないと回答したのに対して、男児は「賢い」を男性に当てはめ、「やさしい」を男性に当てはめなかったのである。

興味深いのは、アメリカのデータと比べると、日本のほうが、このようなジェンダーステレオタイプの影響が出るのが若干遅かった点である。ジェンダーギャップのランキングでは日本のほうがアメリカよりも低いため、筆者らは日本のほうがジェンダーステレオタイプの影響が早く出ると考えていた。しかしジェンダーステレオタイプの影響が出たのはアメリカでは六歳であったのに対して、日本では七歳頃であった。この結果に対してさまざまな解釈がありうるが、日本の保育指針には「性別などによる固定的な意識を植えつけることがないようにすること」という記述もあるため、幼児期にはあまりジェンダーの効果が出なかったのかもしれない。

このような子ども時代のジェンダーステレオタイプが、校長の男女比率を直接的に決めるわけではないだろうが、子どもの未来選択に何らかの影響を与えるのは間違いない。子どもの未来の選択肢を狭めないように、大人は配慮する必要があるだろう。

第15章

子どもはどんな世界を生きているのか

本書ではここまで、子どものさまざまな姿を見てきた。最後となるこの章では、本書の内容を振り返ったうえで、筆者が今後の研究で目標とするところを紹介してみたい。

大人とは異なる子ども

あらためて、本書に通底するテーマについて確認しておこう。

一般的に、子どもは、大人と比べて未熟で無能な存在だと捉えられている。もちろん、子どもの腕力は大人の比ではないし、記憶力や情報処理能力などにおいても、大人に軍配が上がることが少なくないのは事実である。だが、子どもは、一部の心理学的な側面において、単純に未熟であるだけではなく、大人とは質的に異なった存在だというのが筆者の考えである。ものの見方、捉え方（認識）に、質的な違いがあるのである。

子どもが大人と異なったものの見方や捉え方をしているのは、それが子どもの生態に適しているからかもしれない。ヒト以外の動物がその生態に適応しているように、子どもは、大人とは異なる生態に適応しているということである。

筆者の言葉でいえば、これは「大人とは異なる子ども」である。子どものもつ能力や性質のなかには、子ども時代という現在を生き抜くために必要なものもあるということである。子どものときにだけ必要な能力や性質があるのではないか。一方で、子どもはいつかは大人になるわけだから、「大人になるための子ども」という視点も必要になってくる。

本書ではとくに前者に重点を置きつつ、両方に関する最新の研究を紹介してきた。以下で簡単に振り返ってみよう。

子どもに特有の能力や性質

最初に紹介したのは、子どもと大人の考え方の違いであった。とくに、論理的思考の違いについて興味深い研究が報告されている（第2章）。この研究では、目の前に提示された証拠に基づいて論理的思考ができるかどうかが調べられた。素朴に考えると、大人のほうが論理的に結論を出しそうなものだが、大人が目の前の証拠を十分に考慮せずに結論を出すのに対して、子どもは目の前の証拠に基づいて論理的に思考できていた。

また、大人と子どもでは、注意の向け方も異なるようである（第7章）。大人では、自分が主体的に向ける内因性の注意が相対的に強い。そのため、注意を向けている対象の変化には気づきやすいが、注意を向けていない対象の変化には気づきにくい。一方で、子どもは外的な対象によって注意が惹きつけられる外因性の注意が相対的に強い。そのため、ある対象に「注意を向けなさい」と言われた場合にも対象の変化を見逃してしまうことがある一方で、注意を向けていない対象の変化に気づくこともある。

また第13章では、子どもと大人では言葉の捉え方が異なっているという見方を紹介した。大人では、名詞や動詞などの品詞はまったく別ものだが、子どもでは、名詞と動詞のように言葉の性質が分かれているわけではなく、両者は渾然一体となっており（胚性詞）、これが名詞や動詞に分岐していく可能性を示す研究がある。子どもにとって、たとえば「靴」という言葉は、対象そのものだけではなく、対象に関する行為（「履く」）を含んでいるかもしれないのである。

子どもの優位性が顕著にみられるのが、創造力と想像力である。創造力には芸術家のようなレベルの創造性と日常的なレベルの創造性があるが、いずれにせよわれわれは創造力のおかげで現実の変化に対応することができる（第3章）。子どものアイデアには突飛なものも少なくなく、必ずしも実用に耐えるわけではないが、なかにはキラリと光るものもある。しかし、このような創造的な子どもも小学校中学年くらいでスランプを迎えることが報告されており、学校教育の影響が指摘されている。

そして子どもの想像力の表れとして、「空想の友だち」について紹介した（第4、5章）。空想の友だちとは、子どもが想像力によって生み出す友だちのことであり、まったく目に見えない場合もあれば、ぬいぐるみや人形がもとになる場合もある。空想の友だちは主に幼児期にみられ、小学校に入ると徐々に減っていくことが報告されている。つまり、子どもの時期に特徴的な現象なのである。子どもは友だちを作り出すことによって、退屈な時間を楽しむことができる。有名な作家が子どものときに空想の友だちと遊んでいた、という逸話は少なくない。筆者らは、現実には目に見えない空想の友だちが、子どもには何らかの形で見えている可能性を研究で指摘している。

このような諸研究から、子どもと大人のものの見方や捉え方（認識）が少なくとも一部では質的に異なっている可能性が明らかになってきた。しかしそれは、現在のところ、子どもと大人では、ある能力や性質に関して違いがあるということを示しているに過ぎないともいえる。これでは子どもの認識全体を捉えることはできていないと筆者は感じている。

そこで筆者は、子どもの認識と大人の認識の違いを全体的に捉えるような研究ができないかを模索している。それが「認識の構造」についての研究である。「認識の構造」というのは少々難解な概念であるが、われわれの世界の捉え方に通底する、さまざまな対象の関係性を捉えるような構造のことを指す。

この構造という概念は、文化人類学者であるクロード・レヴィ＝ストロースを始祖とし、認知発達の分野にはピアジェが持ち込んだ。これが二〇世紀中盤に注目を集めたいわゆる構造主義である。詳述は避けるが、構造主義は、数学的な構造概念を基礎とした点に特徴がある。具体的には、数学的な群や束という概念を用いて、ピアジェは子どもの認知発達の構造を説明しようとした。ピアジェの構造主義にはさまざまな問題があったが、その一つが、これらの数学的な概念では子どもの発達を記述することに困難が生じるということである。たとえば、数学的な群にはある特定のドメイン（例、整数）内にその特徴が限定されるという性質がある。ピアジェ理論でいえば、ピアジェが記述した構造は論理的操作という特定のドメイン内に限定されており、たとえば感情と論理的操作がどのように結びつくのか、といったドメイン間の関係を議論することができない。

ピアジェ以降、認知発達の構造を探る試みはほとんどなされていないが、筆者は、モナシュ大学の土谷尚嗣氏や長浜バイオ大学の西郷甲矢人氏とともに、別の数学的な構造概念である「圏」という概念を用いて、認知発達の構造を再検討しようとしている［＊1］。この圏という概念は、対象と対象の関係やドメインとドメインの関係を記述できる点に特徴があり、子どもの認識の構造をある特定のドメインに限定することなく、包括的に記述することが可能となる。

その手始めとして、色知覚の研究から始めている。本書でも第10章で色のカテゴリカル知覚に関する研究を紹介したが、筆者らが実施しているのは、色に対する主観的な感覚、色クオリアというものである。たとえば、赤色の赤らしさ、のような主観的な感覚である。

古くから指摘されているように、自分にとっての赤色と他人にとっての赤色が同じである保証はない。この問題を正面から検証するのは難しいが、ほかの色との関係性から捉える試みがある。赤色は、青色とは似ていないが、オレンジ色とは似ている。さまざまな色の間の距離を定量的に示すことで、色認識の構造を明らかにできるかもしれない[*2]。

筆者が大切だと考えているのは、この構造が大人と子どもとで違うかもしれないという点である。大人にとっては赤色とピンクは似ているように感じられるが、子どもにとってはそうではないかもしれない。色だけでなくさまざまな対象を認識する構造を明らかにすることが、筆者の研究の一つの目標である。

大人になるために必要なスキル

これまで述べてきたように、本書の主眼は、子どもと大人の認識の違いであった。しかしながら、子どもはいつまでも子どものままではない。いつかは大人になるのである。上記のように、子どものもつ能力や性質のなかには、大人になるために必要なものもある。本書ではこちらの研究についても紹介してきた。

記憶力にしても、情報処理能力にしても、どれだけ学力に関係するか、そしてその先に待つ大人時代にどのようにつながるかという点が重視される。この場合、「どれだけ早い時期に乳幼児が大人と同じようなスキルをもつか」に焦点が当てられる。

実は、発達心理学において二〇世紀後半から主に研究されてきたのはこちらの側面であった。生後数ヵ月の乳児が、計算したり、推論したり、重力を理解しているかのように振舞ったりすることを示す研究が相次いで報告されており、新聞等のメディアにもこういうニュースが多数掲載されてきた。

現在の乳幼児研究もこの流れにあり、本書でいえば、自分の認知過程についてモニターし制御するメタ認知の基礎的な能力が生後一年程度で発達すること（第11章）、「AはBより大きい、BはCより大きい」などの情報が与えられたときに、直接明示されていないAとCの順序関係について推論をする能力を一歳前後の乳児がもつこと（第12章）、自分の身体に関する感覚を生後数ヵ月の乳児であっても保有すること（第14章）などの研究がこれにあたる。

これらの乳児研究に加えて、大人になってから必要なスキルとして、嘘やモラル、自制心などがどのように発達するかについても紹介してきた。一般的に嘘をつくことはモラルに反すると考えられ、嘘をつく人は信頼を失ってしまう。そのため、子どもが嘘をいかにつくようになり、反対にどのような環境下では子どもが嘘をつかないかを調べるのは重要な研究テーマである。この点については、相手を欺くための嘘（黒い嘘）や相手をおもんぱかっての嘘（白い嘘）を幼児期頃につくようになること、嘘をつける状況になると子どもは嘘をついてしまうので、環境の整備が大事であることを紹介した（第6章）。またモラルに関しては、第8章でモラルジレンマについて紹介した。有名な「トロッコ問題」を例に、子どもがモラルジレンマに陥ったときに、人間、犬、豚などの生物の生命をどのように優先するかが大人と子どもで若干異なっており、子どもは相対的に犬の生命を重視する傾向にあった。

さらに、自制心の研究として、マシュマロテストについての論争を紹介した（第9章）。マシュマロテストは自制心を調べるものだと考えられてきたが、最新の研究では、自制心だけではなく、他者への信頼も反映している可能性が指摘されている。マシュマロテストをめぐっては議論があるものの、自制心を含むいくつかの能力については、子どもの将来に意味をもつという信頼できる証拠がいくつかある。

子どもから大人が生まれるとき

大人と質的に異なる世界に生きていた子どもが、運動能力、言語能力、作業記憶や情報処理能力を発達させ、冒頭で触れたように、青年期に二度目の誕生を迎える。子どもから大人が生まれるときである。

しかし、将来どのような大人になるのかには、子どもたちの間に大きな格差がある。非認知能力の研究でも明らかになってきたように、子ども期の自制心や忍耐力などが、大人になったときのアウトカムと関係している。そして、これらの能力は家庭環境や経済状態など、さまざまな要因の影響を受けてしまう[＊3]。子どもは自分で生まれを選ぶことはできないわけだから、何とも不公平な話である。第14章で紹介したジェンダーの問題もこのことと関係する。

子どもには未来を夢見る権利がある。しかし、自分が描いた未来を選べる子どもは必ずしも多くない。むろん、目標が変わったり、能力の限界を悟ったりして、自分の意志で未来への道筋を変えるのであれば悔いはないだろう。だが、家庭の経済的な状況やジェンダーなど、自分の意志とは関係ない事情で、描いた未来を選択できない、もしくは未来を描くことすらできない、そういう子どもが多数いるという現実がある。

筆者らは、このような現状を少しでも変えようと、さまざまな自治体や保育・教育機関と連携して、子ども時代のこれらの能力や性質を高めることができないか、検討している。一朝一夕にはいかない難しい問題だが、子どもにみられる格差を解消してその未来を支援することが筆者の研究のもう一つの目標である。今後も研究に精進していきたい。

おわりに

筆者は一〇年ほど前に、「大人とは異なる存在としての子ども」という考え方を提示した。当時はこのような考えと一致するような実証的証拠は世界的に見てもほとんどなかったが、(今以上に)青臭かった筆者は、新しい研究の方向を目指すという勢いだけでそのような主張を行った。

それから一〇年経つ間に、このような考えと一致するような面白い研究が徐々に発表されるようになってきた。だが、現時点においても、そうした研究を理論化することはできていない。第15章に記したのは、そんななかでの筆者なりの新しい試みの一端であり、この試みが次の一〇年で少しでも実を結べばと願っている。

一方で、筆者自身にも、この一〇年間でいろいろな変化があった。娘が生まれ、子育てをしつつ、自分の研究が社会との接点をもつ機会を得て、国や自治体、園や学校などで、子どもや保護者、園を支援する事業にかかわるようになった。このなかで、子どもは大人とは異なる存在でありながら、いつかは大人になる存在であるという当たり前の事実を強く意識するようになったのである。

それ以来、本書でも紹介した「大人とは異なる子ども」と「大人になるための子ども」という二つの子どもの捉え方を、自分の研究、教育、子育ての中心に据えている。だが、これまでの著書ではこのどちらかの視点しか含めることができていなかった。

そんな折、雑誌『こころの科学』の編集者である木谷陽平氏に声をかけていただき、連載の機会にめぐまれた。連載で二つの子どもの捉え方をあわせて論じることができ、それを書籍化したものが本書である。このような機会をいただいた木谷氏に心より感謝したい。

本書で紹介した研究の一部は、共同研究者や大学院生の方々とともに行ってきたものである。それらの方々のご助力なしでは本書を書くことは難しかった。ここにお礼を申し上げる。

最後に、エネルギーと前向きな気持ちをいつも提供してくれる妻と娘に感謝する。

森口佑介

参考文献

はじめに

［＊1］ルソー（今野一雄訳）『エミール』岩波文庫、一九六二年

［＊2］Hall, G.S.: *Adolescence: its psychology and its relations to physiology, anthropology, sociology, sex, crime, religion and education*. D. Appleton and Company, 1916.

第1章

［＊1］森口佑介『おさなごころを科学する—進化する乳幼児観』新曜社、二〇一四年

［＊2］森口佑介『自分をコントロールする力—非認知スキルの心理学』講談社現代新書、二〇一九年

［＊3］遠藤利彦（研究代表）「非認知的（社会情緒的）能力の発達と科学的検討手法についての研究に関する報告書」国立教育政策研究所、二〇一七年（https://www.nier.go.jp/05_kenkyu_seika/pdf_seika/h28a/syocyu-2-1_a.pdf）

第2章

［＊1］森口佑介『おさなごころを科学する—進化する乳幼児観』新曜社、二〇一四年

［＊2］Gopnik, A.: *The philosophical baby: what children's minds tell us about truth, love, and the meaning of life*. Farrar, Straus & Giroux, 2009.（青木玲訳『哲学する赤ちゃん』亜紀書房、二〇一〇年）

［＊3］Gopnik, A.: *The gardener and the carpenter: what the new science of child development tells us about the relationship between parents and children*. Farrar, Straus and Giroux, 2016.（渡会圭子訳『思いどおりになんて育たない—反ペアレンティングの科学』森北出版、二〇一九年）

［＊4］Lucas, C.G., Bridgers, S., Griffiths, T.L. et al.: When

children are better (or at least more open-minded) learners than adults: developmental differences in learning the forms of causal relationships. *Cognition* 131: 284-299, 2014.

第3章

[*1] Kim, K.H.: The creativity crisis: the decrease in creative thinking scores on the Torrance Tests of Creative Thinking. *Creat Res J* 23: 285-295, 2011.
[*2] Hoicka, E., Mowat, R., Kirkwood, J. et al.: One-year-olds think creatively, just like their parents. *Child Dev* 87: 1099-1105, 2016.
[*3] Dauch, C., Imwalle, M., Ocasio, B. et al.: The influence of the number of toys in the environment on toddlers' play. *Infant Behav Dev* 50: 78-87, 2018.

第4章

[*1] 森口佑介『おさなごころを科学する―進化する乳幼児観』新曜社、二〇一四年
[*2] Moriguchi, Y., Todo, N.: Prevalence of imaginary companions in Japanese children. *Int J Psychol* 54: 269-276, 2019.
[*3] Moriguchi, Y., Todo, N.: Prevalence of imaginary companions in children: a meta-analysis. *Merrill Palmer Q* 64: 459-482, 2018.
[*4] Moriguchi, Y., Shinohara, I., Ishibashi, M.: Agent perception in children with and without imaginary companions. *Infant Child Dev* 25: 550-564, 2016.

第5章

[*1] Moriguchi, Y., Kanakogi, Y., Okumura, Y. et al.: Imaginary agents exist perceptually for children but not for adults. *Palgrave Commun* 5: 133, 2019.

第6章

[*1] Talwar, V., Lee, K.: Development of lying to conceal a transgression: children's control of expressive behavior during verbal deception. *Int J Behav Dev* 26: 436-444, 2002.
[*2] Talwar, V., Murphy, S.M., Lee, K.: White lie-telling in children for politeness purposes. *Int J Behav Dev* 31: 1-11, 2007.

[＊3] Engarhos, P., Shohoudi, A., Crossman, A. et al.: Learning through observing: effects of modeling truth- and lie-telling on children's honesty. *Dev Sci* 23, 2020. (doi: 10.1111/desc.12883)

[＊4] Zhao, L., Zheng, Y., Compton, B.J. et al.: The moral barrier effect: real and imagined barriers can reduce cheating. *Proc Natl Acad Sci U S A* 117: 19101-19107, 2020.

第7章

[＊1] Davies, G., Hine, S.: Change blindness and eyewitness testimony. *J Psychol* 141: 423-434, 2007.

[＊2] Plebanek, D.J., Sloutsky, V.M.: Costs of selective attention: when children notice what adults miss. *Psychol Sci* 28: 723-732, 2017.

第8章

[＊1] Awad, E., Dsouza, S., Kim, R. et al.: The moral machine experiment. *Nature* 563: 59-64, 2018.

[＊2] Wilks, M., Caviola, L., Kahane, G. et al.: Children prioritize humans over animals less than adults do. *Psychol Sci* 32: 27-38, 2021.

第9章

[＊1] Watts, T.W., Duncan, G.J., Quan, H.: Revisiting the marshmallow test: a conceptual replication investigating links between early delay of gratification and later outcomes. *Psychol Sci* 29: 1159-1177, 2018.

[＊2] Michaelson, L.E., Munakata, Y.: Same data set, different conclusions: preschool delay of gratification predicts later behavioral outcomes in a preregistered study. *Psychol Sci* 31: 193-201, 2020.

[＊3] 森口佑介『自分をコントロールする力―非認知スキルの心理学』講談社現代新書、二〇一九年

[＊4] Michaelson, L.E., Munakata, Y.: Trust matters: seeing how an adult treats another person influences preschoolers' willingness to delay gratification. *Dev Sci* 19: 1011-1019, 2016.

第10章

[＊1] Franklin, A., Davies, I.R.L.: New evidence for infant

colour categories. *Br J Dev Psychol* 22: 349-377, 2004.

[＊2] Franklin, A., Drivonikou, G.V., Bevis, L. et al.: Categorical perception of color is lateralized to the right hemisphere in infants, but to the left hemisphere in adults. *Proc Natl Acad Sci U S A* 105: 3221-3225, 2008.

[＊3] Franklin, A., Drivonikou, G.V., Clifford, A. et al.: Lateralization of categorical perception of color changes with color term acquisition. *Proc Natl Acad Sci U S A* 105: 18221-18225, 2008.

[＊4] Yang, J., Kanazawa, S., Yamaguchi, M.K. et al.: Cortical response to categorical color perception in infants investigated by near-infrared spectroscopy. *Proc Natl Acad Sci U S A* 113: 2370-2375, 2016.

[＊5] Skelton, A.E., Catchpole, G., Abbott, J.T. et al.: Biological origins of color categorization. *Proc Natl Acad Sci U S A* 114: 5545-5550, 2017.

第11章

[＊1] Ghetti, S., Hembacher, E., Coughlin, C.A.: Feeling uncertain and acting on it during the preschool years: a metacognitive approach. *Child Dev Perspect* 7: 160-165, 2013.

[＊2] Goupil, L., Romand-Monnier, M., Kouider, S.: Infants ask for help when they know they don't know. *Proc Natl Acad Sci U S A* 113: 3492-3496, 2016.

[＊3] Vo, V.A., Li, R., Kornell, N. et al.: Young children bet on their numerical skills: metacognition in the numerical domain. *Psychol Sci* 25: 1712-1721, 2014.

[＊4] Goupil, L., Kouider, S.: Behavioral and neural indices of metacognitive sensitivity in preverbal infants. *Curr Biol* 26: 3038-3045, 2016.

[＊5] Goupil, L., Kouider, S.: Developing a reflective mind: from core metacognition to explicit self-reflection. *Curr Dir Psychol Sci* 28: 403-408, 2019.

第12章

[＊1] Andrews, G., Halford, G.S.: A cognitive complexity metric applied to cognitive development. *Cogn Psychol* 45: 153-219, 2002.

[＊2] 森口佑介『おさなごころを科学する―進化する乳幼児観』新曜社，二〇一四年

[＊3] Meng, X., Nakawake, Y., Nitta, H. et al.: Space and

rank: infants expect agents in higher position to be socially dominant. *Proc Biol Sci* 286, 2019.（doi: 10.1098/rspb.2019.1674）

[＊4] Gazes, R.P., Hampton, R.R., Lourenco, S.F.: Transitive inference of social dominance by human infants. *Dev Sci* 20, 2017.（doi: 10.1111/desc.12367）

第13章

[＊1] Moriguchi, Y., Kanda, T., Ishiguro, H. et al.: Can young children learn words from a robot? *Interaction Studies* 12: 107-118, 2011.

[＊2] Hagihara, H., Sakagami, M.: Initial noun meanings do not differentiate into object categories: an experimental approach to Werner and Kaplan's hypothesis. *J Exp Child Psychol* 190, 2020.（doi: 10.1016/j.jecp.2019.104710）

第14章

[＊1] Amsterdam, B.: Mirror self-image reactions before age two. *Dev Psychobiol* 5: 297-305, 1972.

[＊2] Rochat, P., Morgan, R.: Spatial determinants in the perception of self-produced leg movements in 3- to 5-month-old infants. *Dev Psychol* 31: 626-636, 1995.

[＊3] Filippetti, M.L., Johnson, M.H., Lloyd-Fox, S. et al.: Body perception in newborns. *Curr Biol* 23: 2413-2416, 2013.

[＊4] Begum A,J., Thomas, R.L., Raymond, S.M. et al.: Sensitivity to visual-tactile colocation on the body prior to skilled reaching in early infancy. *Child dev* 92: 21-34, 2021.

[＊5] Okanda, M., Meng, X., Kanakogi, Y. et al.: Gender stereotypes about intellectual ability in Japanese children. *Sci Rep* 12: 16748, 2022.

第15章

[＊1] 森口佑介、土谷尚嗣、西郷甲矢人「認知発達研究における構造―圏論からのアプローチ」『心理学研究』（印刷中）

[＊2] 土谷尚嗣、西郷甲矢人「ターゲット論文 圏論による意識の理解」『認知科学』二六巻、四六二―四七七頁、二〇一九年

[＊3] 森口佑介『子どもの発達格差―将来を左右する要因は何か』ＰＨＰ新書、二〇二一年

森口佑介 もりぐち・ゆうすけ

京都大学大学院文学研究科准教授。京都大学大学院文学研究科修了。博士(文学)。専門は発達心理学・発達認知神経科学。子どもを対象に、認知、社会性、脳の発達を研究する傍ら、大阪府の家庭支援事業にも携わる。子どもにかかわる仕事をしている人への講演等を通じて、子どもの発達に関する知見を広く発信している。著書に『子どもの発達格差ー将来を左右する要因は何か』(PHP新書)、『自分をコントロールする力ー非認知スキルの心理学』(講談社現代新書)、『おさなごころを科学するー進化する乳幼児観』(新曜社)などがある。

子《こ》どもから大人《おとな》が生《う》まれるとき

――発達科学《はったつかがく》が解《と》き明《あ》かす子《こ》どもの心《こころ》の世界《せかい》

二〇二三年三月三〇日　第一版第一刷発行

著　者　森口《もりぐち》佑介《ゆうすけ》

発行所　株式会社日本評論社
〒一七〇-八四七四
東京都豊島区南大塚三-一二-四
電話　〇三-三九八七-八六二一〔販売〕
　　　〇三-三九八七-八五九八〔編集〕
振替　〇〇一〇〇-三-一六

装　画　コマツタスク
装　丁　川名亜実（オクターヴ）
印刷所　港北メディアサービス
製本所　難波製本

検印省略

　ISBN978-4-535-56419-0　Printed in Japan